ちくま文庫

ひとはなぜ服を着るのか

鷲田清一

目次

まえがき　8

第一部　ひとはなぜ服を着るのか

気になる身体　12
衣服という皮膚　25
〈わたし〉の社会的な輪郭　35
モード化する社会　46
コスメティック――変身の技法　58
ハイブリッドという現象　69
一枚の布――三宅一生の仕事　83

モードの永久革命——川久保玲の仕事　94
からだが変わる　109
テクスチュア感覚　118
ファッション、メディア、アート　134
衣服のホスピタリティ　148

第二部　〈衣〉の現象学——服と顔と膚と

顔の渇き　164
もっと時間を、もっと虚構を。　173
見えないファッション　181
身体と匂いと記憶と　189
からだは孔が空いている　194
下着という装置　200

マネキンという形象　210
デザインされる肉体　224
《モード》、モダンのもう一つの形象　240
スタイルの力　253
モードのお勉強　274
繊細の精神——エピローグに代えて　291
文庫版あとがき　296
初出一覧　301

ファッションは「わたしはだれ？」という問いと戯れている。

ファッションはからだの観念を揺さぶり、性のイメージをずらせ、品位とか優美とか情愛のきめを作りだし、欲望のかたちを象《かたど》り、最後に、あらゆる包囲をすり抜ける抵抗のスタイルを決める。「あえて言えば愛の流動性とでも呼べそうなもの」（ロラン・バルト）、あるいは「欲望の曖昧な対象」。ファッションは、不確定なものを不確定なままに定着させる装置なのである。

ときに崩れ、ときにかさぶたにもなる社会の生きた皮膚。より大きな危険を迂回するための小さな危険。誇りを包む最後のヴェール……

ひとはなぜ服を着るのか

まえがき

服なしにはひとは生きていけません。災害のときも、支援物資としてまず最初に届けられるのが、食料と衣料です。この二つはひとがひととして生きることの根本をかたちづくっているものです。にもかかわらず、食べること、着ることについてじっくり考えた本というのは、意外にすくないのです。

グルメ、料理法、レストラン情報やおしゃれのノウハウ、ファッション情報については、本や雑誌があふれるほどたくさん出版されています。けれども、食べるということになぜ作法があるのか、なぜ時間を決めて他人といっしょに食べるのか、なぜ食べられるのに食べてはいけないものがあるのかなどといった疑問について、つっこんだ議論をしている本というのは案外すくないのです。おなじように、衣服についても山ほど不思議な点があります。でも、なぜか衣服の問題というのは、うわべの問題、外見の問題として軽く見られるところがあります。それで、衣服について考えるといえば、見かけを気にするひと、流行に弱いひとの専売特許のように思われてきました。

しかし、だれも服なしには生活できません。そしてそれなしで生きていけないものを、心のどこかで見下しながら生きるというのは不健康です。不幸です。流行という意味でのモードにしても、今日では服や流行歌や自動車だけでなく、食品やアートや思想にまで、それは深く浸透しており、流行に振りまわされているひとを軽く見るひと自身が、その外部で生きていけなくなっています。

わたしはこの本の中で、ひとはなぜ服を着るのかという問題とともに、ひとはなぜ流行に巻き込まれるのか、そしてまたなぜ衣服の問題、流行の問題というのがまじめに考えられることがすくないのかという点についても、考えてみました。

第一部では、ファッションの問題を、ひとはなぜじぶんの身体の表面をいろいろ加工したり演出したりするのかという視点から総括的に論じています。第二部では、第一部で取り扱ったファッションの基本要素について、さらに掘り下げて論じています。顔、化粧、皮膚、匂い、身体、下着、マネキン、スポーツ、モード、スタイルという十のファッションの構成要素と、ファッション研究の歴史（ファッション論の文献案内も含む）、そして最後におしゃれのエッセンスと、順に十二のテーマを並べています。

道徳とか歴史について学校で学ぶのは、とてもたいせつなことです。しかし、食べること、着ること、そして住むことについて、じっくり考えるというのも、それとおなじくらい重要なことなのではないかと、わたしは思っています。そしてそれについてまっとうな考えをもてるならば、あるいは身につけるならば、社会が抱える不安や困難のいくつかに解決のきっかけを見いだせるのではないかとさえ、思っています。そのような視点から、ここでは、わたしたちの生を支えるものとしての衣服について、じっくり考えてみるつもりです。頭を酷使するというよりも、できるだけ楽しんでいっしょに考えていただけるよう心がけますので、どうかよろしくおつきあいください。

第一部　ひとはなぜ服を着るのか

気になる身体

ピアシングの流行が教えるもの

ピアシングという行為が、この十年ほどのあいだにこの国でも、ファッションとしてすっかり定着しました。

耳に穴を開ける、そのシーンを想像しただけで、はじめは、ちょっと不気味な感じさえしたものです。親から授かった身体を傷つけるなんて、とたしなめるひとはもう、さすがに少なかったようですが、パンク系の若者のちょっと危ないファッションというのが、おおかたの受けとめかただったのではないかと思います。はじめは、なにか、見てはいけないものを見るようなところがたしかにありました。

それがいつごろからか、十代の女性たちにぱっと広がり、そして当然のように青年たちに飛び火し、やがて娘たちから母親へ静かに伝染していき、そして「とんがった不良中年」ならやってて当然というところまできました。最近はデパートのアクセサリー・コーナーへ行っても、ピアスでないふつうのイヤリングを見つけることのほうがむずかしくなっています。感受性というのはこうも急速に変化するものかと、あらためて感じ入っておられるかたも少なくはないと思います。

そういえば、あの茶髪《ちゃぱつ》や金髪にしても、はじめはつっぱりの若者たちの悪趣味なファッションくらいに思い、アジア人には絶対に似あわないと確信していたひとがほとんどだったのに、みな不思議にあの色になれてきて、最近は、塞いだ気分を切り換えるためのもっとも手軽な手段として、多くのひとたちが愛好するようになっています。黒はやはり重くるしい、もう少しライトにしないと洋服には似あわないというふうに、センスがあれば染めるのが当然、というのが「常識」になってきています。むかしから気分転換に髪を切ったり染めたりというのはありましたが、そういう自己セラピーのような効果が、ピアスや茶髪にはあるようです。身体の表面を変えることでじぶん自身を変えたいというファッションの願望は、いまはもう、表面の演出ということだけではすまなくなっているのかもしれません。

「一つ穴を開けるたびごとに自我がころがり落ちてどんどん軽くなる」

これはある社会学者が街で採集した証言ですが、ピアシングの快感の表現としてはなかなかのものではないかと思います。

どうしてもこうでしかありえないじぶんというもの、あるいは、じぶんがこれまでしがみついてきたアイデンティティの檻《おり》、それらからじぶんを解き放つという軽やかさが、ここにはあります。耳に穴を開けることで、身体がいろいろに変換可能なものであることが実感できるということ、つまりこれは、この身体という、じぶんが背負っている存在の条件そのものを変更できるという、ささやかなときめきにつうじるのではないでしょうか。服を脱ぐように、じぶんの存在条件を脱げたらというのは、人間のほとんど普遍的な欲望なのではないか、とすら思われます。そのきっかけとして、ひとはしばしばみずからの身体を傷つけることがあるようです。

あるいはひょっとして、身体という自然、親から与えられた身体を毀損《きそん》することで、親との自然的なつながりからみずからを解除するという、一種の巣立ちのパフォーマンスをここに読みとることも可能かもしれません。これはわたしの身体なのだから、どうするかはわたしが自由に決めるという宣言。その意味では、ピアシングはひとりぼっちの密かな成人式の儀礼なのかもしれません。

身体髪膚之を父母に受く……?

以前はこんな言葉がありました。

「身体髪膚《しんたいはつふ》之を父母に受く。敢へて毀傷《きしょう》せざるは孝の始めなり」（孝経・開宗明義章）

余談ですが、これをかつて旧制高校の寮生たちは、「寝台白布之を父母に受く。敢へて起床せざるは孝の始めなり」と書き換え、その紙を枕元の壁に貼って、午前中の授業をサボタージュしたという話を聞いたことがあります。身体は親から授かったものであり、親との自然の絆であるという、そういう結びつきからじぶんの身体を解除して、身体をじぶんのものとして生きなおす一つのきっかけとして身体加工があるとするならば、最近流行《はや》っている小さなマークのような刺青《いれずみ》や、タトゥー・シールもおそらくその一つなのでしょう。

ここにはきっといろいろな意味が微妙に折り重なっているのだと思います。これはわたしの身体だという巣立ちのパフォーマンスの意味はもちろんとして、逆に、じぶんがほんとうの意味で自由にできるものはこの身体しかないという追いつめられた感情もあるかもしれない。いや身体の存在だってほんとうはじぶんの存在の証しにはなりえない、しょせんは「なんぼのもの」、スーパーに並べられる商品のようなものだといった気分で、じぶんの身体にバーコードのタトゥー・シールを貼りつけているひともきっといるのではないかと思います。

ともあれ、ピアシングやタトゥーの流行が暗号のようにして教えてくれているのは、わたしたちがわたしたちの存在そのものである身体を傷つけることなしには、じぶんの存在をきちんと確認できなくなっているというような、ある〈存在の危機〉です。危機という言い方に抵抗があるむきには、本人もそうとは気づいていない呪術や願かけのようなもの、と言いかえてもいいでしょう。ともあれ、じぶんの存在にどこか充足しえていないところがあるのはたしかだと思います。その意味で、ピアシングも時代の構造変化の一つのシグナルなのかもしれません。このようにファッションには、言葉ではなく身体そのものを使って、みずからの存在を問うという面があります。

身体に穴を開けたり、物を埋め込んだり、金属の飾り物をしたりといった習慣は、この国の歴史において、ずいぶん長いあいだ消滅していたものです。一説によれば、これは縄文期の身体習俗が長い沈黙のあとに再浮上したものだということです。しかしこれは、よく言われるように「野蛮な」習俗だなどとはとうてい思えません。

身体保護では説明できない「装い」

ひとはなぜじぶんの身体の表面にひどく関心をもつのでしょうか。どうして色を塗ったり、穴を開けたりするのでしょうか。あるいはもっと一般に、どうしてひとは外見を気にし、それにさまざまな加工をほどこすのでしょうか。

このような問いを立てると、きまって返ってくる答えがあります。衣料は変化のはげしい自然環境から身を守るためのものだという答えです。強い日差しを避ける、冷気から身体を守る、熱い地表から足裏を保護するというふうに、あるいは現代都市の人工環境なら、冷暖房のきいた部屋で体温を調節するというふうに、です。

たしかにそういう面が衣料にはあります。体温の調整装置、皮膚の保護膜、身体運動のサポーターといった機能的なはたらきのない衣服というものは、ステージ衣裳やコスチューム・プレイのそれをのぞけば、ほとんど考えられません。

しかし、わたしたちが現在、身につけている衣料を考えた場合、身体の保護ということで説明できるものより、できないもののほうが多いのではないでしょうか。すぐに思いつくものに、男性ならネクタイ、女性ならハイヒールがあります。ネクタイには、社会的な記号としての意味はあるでしょうが、身体の保護といった目的は見いだせません。ハイヒールとなれば、踵《かかと》は異様に高いし先は尖っているというふうに、歩行という機能に反するような不安定なかたちをしています。まるでわざわざ歩きにくくするために考案されたと言いたくなるくらいです。身体を保護するどころか、逆に、履きなれるまでに幾度も皮膚を傷つけ、骨を痛めるものです。ほとんどの靴は人間の足のかたちを無視した紡錘形のシルエットになっていますが、このことも靴のシルエットが人間の足を大地から保護する以上の意味を含んでいることをしめしています。

あるいは、アクセサリーにどんな機能的な意味があるでしょうか。ピアシングのように、身体のいろいろな部分に穴を開ける行為は、身体を保護するというよりもむしろ毀損するものではないでしょうか。コルセット風のファンデーションはどうでしょう。多くの女性が夏にでもはくストッキングや女子高校生のルーズソックス、あるいはソヴァージュ・ヘアや茶髪、これらははっきり「反機能的」と言えないでしょうか。そして、わたしたちは身づくろいするときに、まさにこういう部分にひどく神経を使うのです。ひとが装いとかファッションと呼んでいるものには、機能性ということだけでは説明がつかない要素がいっぱいあるわけです。

身体の表面に寄せられる熱い関心

ひとはなぜ服を着るのか。この問題を解くためには、だから、衣服を身体を保護するためのものとする考え方から一度離れる必要があります。衣服はしばしばひとの外見とも言われますが、身体とその上に被せられた覆いとして衣服をとらえる考え方から切れる必要があるのです。機能性という固定観念をかっこに入れて、あらためてじぶんたちの装いというものを見てみましょう。そうすると、すぐに一つ、奇妙なことに気がつきます。それは、ひとはなぜじぶんの身体をいろいろいじくりまわすのか、

バレンシアガ「チュニック・スタイル」1955年秋冬
（文化学園大学図書館所蔵）

どうしてそのままに、自然のままに放っておけないのかということです。

　上からずっと見ていきましょう。わたしたちは髪を梳《くしけず》り、ウェーブをつけ、ときにはそれを複雑に編んだり、わざと濡らしたりします。髭《ひげ》を剃ります。眉を剃ったうえで描きなおします。眼のまわりには濃い線を引き、頬を白く塗り、さらに唇を赤く塗ります。歯の並びを「矯正」することもあります。耳に穴を開け、そこにリングを通します。首に鎖を巻きます。指先の爪にエナメルを塗り、腕には指輪やブレスレットをはめ、そして脇の下の毛を抜きます。肩から膝まで、あるいは踝《くるぶし》まで、布で何重にも覆います。そのかたちもかなり複雑です。脱毛した両足を透明の布でくるみ、いまだったら足先の爪にシールを貼ったりします。足の形を無視したようなフォルムの固い革の靴に、むりやり足をこじ入れます。ひとによっては皮膚を彫り、あざやかに彩色したりもします……。まあ、よくもこれだけ考えつくものだとため息が出るほどに、その技法は多彩です。

　ひとはどうしてじぶんの身体に、このようにさまざまな細工を加えるのでしょうか。どうして身体の表面の様相にこれほどまでに熱い関心を寄せるのでしょうか。

　このように身体を加工し、変形するというのは、与えられた身体になにか不満をもつからだと、まずは考えられます。じぶんの身体をなにかある物差し、つまりそのひとが属している社会でのスタンダードとかモデルと照らしあわせ、それからいくらか隔たったものとして、じぶんの身体を意識するわけでしょう。じぶんの身体に向けられる他人の視線がひどく気になるというのも、おそらくこういうところに理由がありそうです。このように見てくると、ひとはなぜ装うのかという問いは、ひとはなぜじぶんのありのままの身体に満足できないで、それにさまざまの加工や変形や演出をほどこすのか、どうしてそんな手の込んだことをするのかという問いを、その核心に含んでいることがわかります。

この問題を手始めに、これからひとはなぜ服を着るのかという問題について考えていきたいと思いますが、これはけっして着衣だけの特殊な問題ではありません。身体の加工ということは、その意味を広くとれば、言語活動やしぐさや表情といった身体使用のいろんな局面が共通に含んでいる問題です。

たとえば話すという行為は、人間の自然的な発声を、ある既定の音韻システムにしたがってその全体を変換することによって可能になります。赤ちゃんのときはいろんな音色で叫んだり唸ったりしていたのが、ある時期から「あいうえお」という日本語の母音でしか発音できなくなります。言葉をおぼえたら、けがややけどをしたときも、ギャーと叫ぶのではなくとっさに「痛い」とか「熱い」と声をあげることになります。

自然の発声がそっくり別のシステムのうちに変換されてしまうのです。

ふるまいやしぐさといったそれぞれの文化がもっている身体使用のスタイルも、人体の自然な運動をある規則や様式にしたがって内側から組み換えたものにほかなりません。字を書くのにふさわしいように指の動きをなじませるのは子どもにとってはたいへんなことですが、いったんおぼえるとあとは意識しないでもすらすら書けるようになります。指の運動が書くことになじんでしまうのです。表情も、ある社会的な意味の組織のなかでひとびとがたがいに「読みあう」ものです。その意味の組織にしたがってわたしたちはじぶんの顔の運動を構造化してきたわけです。

ファッションにおける身体加工もまた、このように身体という「人間の自然」のその表面を加工し変形する行為として規定することができます。自然を変換する営みである文化の一つの装置としてファッションはあるわけです。

文化（culture）という言葉は「耕す」というラテン語の動詞に由来しますが、ファッションもまた、身体の表面を耕し、あらたに整地しなおす行為としてあります。化粧や刺青は、ずばりそういう直接の表面加工ですが、衣服や靴もまた同じように身体の表面を加工したり装飾したりして、人間の自然である身体に介入していく行為であると言えます。その意味で、言葉やしぐさとともに、ファッションは人間の文化を構成するもっとも基礎的な次元の一つなのです。

文化とコミュニケーションの装置

さて、最後に、今後の議論のために、ファッションやモードといった言葉のかんたんな定義をしておくことにしましょう。モードはしばしば「様相」とか「様態」と訳されるように、もともとは、もののあり方やその基準を、一般に意味していました。音響機器にもモードのスイッチがついていますが、そのときはジャズ・モードとかノーマル・モードとかいって、聞こえてくる音の質を選ぶわけです。が、ふつうモードといえば、広く「流行」を意味します。

そういう意味でのモードの交替がもっともはなはだしく現われるのが、ひとが身体をもった存在として他人たちの前に登場するときの、その演出された外見という意味での服装です。ファッションという語（これももともとは「様式」を意味しました）は、この意味で、つまり流行の服装という意味で用いられます。そして、服飾の流行の最先端のスタイルというふうにそれをさらにもう少し限定したのが、狭い意味でのモードです。モード界とかモード雑誌といった使われ方をされるときがそうです。

以下ではそういう意味でのファッションやモードという現象を、言葉やしぐさと並んで、わたしたちの身体をベースとする文化とコミュニケーションの装置としてとらえてみようと思います。

衣服という皮膚

肉体を傷つける習慣はエスカレートする

「ファッションとは身体の表面を加工したり変形したりする行為である」――いま、ファッションをそのような角度からとり上げてみました。その一例としてまず、ピアシングのことをお話ししました。

ピアシングについては一つ、つけ加えておかねばならないことがあります。みなさんのまわりにもきっといらっしゃると思いますが、ピアスというのは一個つければまた次がつけたくなるというふうに、一つではすまないところがあります。ピアシングというのは、与えられた自然（人間の場合なら身体）を変形させる行為だったわけですが、だんだん身体になじんでくると、ピアスじたいがいわばわたしたちにとっての「第二の自然」となります。すると自然を変形させるというピアシングの快感のためには、ひとはまた別の穴を開けなければならなくなります。一つではおさまらないのです。こうして穴を開けつづけることになるわけです。耳がリングでいっぱいになれば、次は唇に、眉に、へそに……というぐあいに、身体じゅうピアスだらけ、というところまで行き着くひともいます。

ウエストをひどく締めつけるコルセットにしても、内臓器官を圧迫し、歪めるので、泌尿器障害やら慢性便秘やら循環器系統の不全、月経不順、流産……と、健康をひどく損なうようなアイテムであったのに、十九世紀ヨーロッパではエスカレートする一方で（細いウエストを実現するために手術で肋骨を何本か切除した踊り子もいました）、結局のところ、第一次世界大戦で金属が不足し、鋼鉄の補強帯が製造不可能になって、やっとこの習慣は止んだくらいです。

中世の末期にベネチアで流行《はや》ったチョピンという高い下駄にしても、あるいは中国で唐代末より千年以上も続いたといわれる纏足《てんそく》の習慣にしても、どちらも下駄を高くしすぎて、あるいは足を小さくしすぎて、歩けなくなるところまでエスカレートして、やっとその奇矯な慣習はおさまりました。

自然の加工や変形といえばまだおだやかな感じがしますが、要するにピアシングとか刺青とかコルセットというのは、肉体を傷つけるという意味では自然の侵犯を意味します。ひとはなぜ、このようにして、みずからの自然に介入していかずにいられないのでしょうか。

想像以上に隔たった〈わたし〉と身体

衣服はひとが身にまとうものだ。このことを疑うひとはいないでしょう。しかし、これは、身体を覆う、あるいは梱包《こんぽう》するということとは微妙に異なります。この微妙な差が、人間の装いについて考えるうえでとても重要な意味をもっています。

ファッションは皮膚の延長だと、よく言われます。あるいはまた、衣服は第二の皮膚だとも言われます。こういう言い方をするときには、おそらく、衣服というものがたんなる身体の覆いや容れ物ではないということが含意されているように思います。

そこで、〈わたし〉と身体との関係について考えることから始めましょう。

じぶんの身体というものは、だれもがじぶんのもっとも近くにあるものだと思っています。たとえば包丁で切った傷の痛みはわたしだけが感じるもので、他人は頭でわかっても、わたしの代わりに痛んでくれるわけではありません。その意味で、わたしとはわたしの身体であると言いうるほどに、わたしはまちがいなくわたしの身体に近くにありそうです。

ところが、よく考えてみると、わたしがじぶんの身体についてもっている情報は、ふつう想像しているよりもはるかに貧弱なものです。たとえば身体の全表面のうちでじぶんで見えるところというのは、身体の前面のごく一部に限られています。だれもじぶんの背中や後頭部をじかに見たことはありません。それどころか、他のひとたちがこのわたしを〈わたし〉として認知してくれるその顔は、じぶんでは終生、じかに見ることができないものです。ところがこの顔にこそ、じぶんではコントロール不可能な感情や気分が露出してしまいます。なんとも無防備なことです。

それだけではありません。身体の内部となると、これはレントゲンや超音波撮影機や体内カメラといった高度な技術を使わないと、ぜったいに見ることはできません。身体の内部で起こっている細かいことは、じぶんではぜんぜんわからないのです。じぶんのなかからふつふつと湧き上がってくる欲望や感情、これもわたしたちはなかなかうまくコントロールできません。痛みや病いという現象も、わたしたちには不意を襲うようなかたちでやってきます。それにたいして、わたしたちはただいつも襲われるがままでいるしかないのです。身体とはわたしたちにとってまずは不安の滲《にじ》みでてくるところであるようです。わたしたちの身体は、知覚情報も乏しいし、思うがままに統制もできないという意味では、〈わたし〉から想像以上に遠く隔たったもののようです。

他人の身体ならわたしたちはそれを一つの物体として、他の物体のように見たり触れたりできるのですが、ほかならぬこのわたしの身体は、じぶんではいわばどこかたよりないイメージとして所有することしかできないのです。わたしたちはじぶん自身の身体を、いわば目隠ししたまま経験するしかないわけです。これは考えてみれば、物騒な事実です。フリードリヒ・ニーチェという哲学者は、その著書のなかで、「各人にとっては自己自身がもっとも遠い者である」という、ドイツの古い諺《ことわざ》を紹介していますが、身体についてもまったく同じことが言えそうです。

〈わたし〉の輪郭を補強する技法

じぶんの身体はつねにイメージとして思い描くしかない。身体はこのように情報量の少ない、ぼんやりとした〈像〉であり、想像の産物でしかないので、かんたんに揺らいでしまいます。とてももろいものなのです。そしてこのようなもろい身体イメージを補強するために、わたしたちは日常生活のなかでいろいろな技法を編みだしてきたのです。

セイモア・H・フィッシャーというアメリカの心理学者が『からだの意識』（村山久美子・小松啓訳、誠信書房、一九七九年。原題はずばり「ボディ・コンシャスネス」です）という本のなかで興味深い指摘をしています。かれによると、たとえば風呂に入ったり、シャワーを浴びたりするのが心地いいのは、湯や冷水のような温度差のある液体に身を浸すことによって、皮膚感覚がはげしく刺激され、活性化されるからです。ふだん視覚的には近づきえないじぶんの背中の輪郭が、皮膚感覚の活性化によってにわかにくっきりしてくるというのです。つまり、このことによって〈わたし〉の輪郭が感覚的に補強されるので、じぶんと外部との境界がきわだってきて、じぶんの存在のかたちがたしかなものとなり、気持ちが安らいでくるというのです。

同じような体験は、スポーツや飲酒においても得られます。はげしい身体運動をすると、気化熱で皮膚が収縮して身体表面の緊張が高まるし、また筋肉が凝《こ》って、ふだんはぼんやりしている身体部分（たとえば背中や腿《もも》の裏側）の存在感が増します。アルコールを摂取すると、血液が皮膚の表面に押し寄せてくるような感覚があって、意識が身体の表面近くに集まってきます。これは他人と身体を接触させたり、マッサージをしてもらったりするときにも体験されます。幼児があぐらをかいている父親の膝のあいだに入ってくるとき、あるいは押し入れや机の下などわざと狭苦しいところで遊ぶのも、きっと同じ効果を無意識に求めてのことでしょう。それらは、〈わたし〉にたしかな囲いを与えてくれます。

そして衣料。これについても同じことが言えそうです。というよりも、衣料こそ、ひとが動くたびにその皮膚を擦り、適度に刺激することでひとにじぶんの輪郭を感じさせるもっとも恒常的な装置だからです。眼で見ることはできない身体の輪郭が、触覚のかたちで確認できるわけです。そしてそのことで、うつろいやすいイメージとしての身体から滲みでる不安をそっと鎮《しず》めてくれるわけです。もちろんがんじがらめに締めつけるものだと、活動しているあいだじゅう気になってかえって不便ですから、適度に、その存在を忘れない程度にというのがミソだと思います。

だから、現在では十グラムにも満たないような軽量のワンピースでさえ技術的には製造可能となっているのに、そんなふわふわの服をわたしたちは着ようとしません。着ているか着ていないかわからないくらいソフトで、体表をまったく刺激しない服など、服としての意味をもたないからです。「からだにやさしい服」などといった宣伝コピーをよく耳にしますが、ほんとうはからだにやさしすぎる服をひとは求めないものなのです。

身体は〈わたし〉の第一の衣服

わたしたちはじぶんの身体を、とにかく断片的にしか経験できません。見える部位、触れる部位、なかからときどき聞こえる音、腹痛や筋肉痛、尿意や鼻づまり、痒《かゆ》みやむかつき……。それらの断片的な知覚データを、「わたしの身体」として一つの身体イメージへとまとめ上げるために、わたしたちはこのようにいろいろ工夫をくわえているのです。多くの布切れから一つの衣服が縫い上げられるように、です。このことをふまえて、E・ルモワーヌ＝ルッチオーニというフランスの精神分析学者は、〈像〉としての身体こそ〈わたし〉が身にまとう第一の衣服だと言っています。

そのとき、衣服というものがとても大きな役割をはたします。衣服は身体の表面に恒常的に適度の刺激をあたえます。そのことで身体の断片的であいまいな輪郭を補強しつづけてくれるわけです。こうしてひとは、衣服という、もう一つの恒常的な皮膚を編みだしたわけです。その意味で、ひとはこれまで衣服のことを《第二の皮膚》と呼んできたのです。

実際、衣服がいったんじぶんの《第二の皮膚》となると、〈わたし〉の表面はこの衣服の表面に移行します。だから、服のなかというのは〈わたし〉の外部であるにもかかわらず、他人にそこに手を入れられるとぞっとするのです。人前で服を脱ぐということが、余分な覆いを外すことではなく、皮膚をめくるような、じぶんの存在を削り取るような、はげしい感情の動揺をともなう行為になってしまうのです。

このように、想像された自己の身体像こそがわたしたちが身にまとう最初の衣服であるとすると、衣服はもはやわたしたちの存在の覆いなのではありません。それなしにわたしたちはじぶんの存在を確定できないわけですから、それはむしろ、わたしたちの存在の継ぎ目ないしは蝶番《ちょうつがい》とでも言うべきものです。衣服は人間という存在のギプスである、と言っている批評家もいます。あるいはもっと端的に、身体はまずは衣服である、と言ってもいいかもしれません。この〈像〉としての身体こそがわたしが身にまとう第一の衣服であるからこそ、わたしたち人間は、繊維を編みだすよりもはるか以前から、皮膚をまるで布地のように裂いたり、引っかいたり、あるいは皮膚に線を引いたり、顔料を塗ったり、異物を埋め込んだりしてきたのです。あるいは、現代の若者がピアスをすると身が軽くなったような気分になると言うのも、些細なことかもしれませんが、じぶんの身体が衣服を脱ぐように着替えられるということを実感するからではないでしょうか。

　あるいはまた、わたしたちにとって身体がまずはそういう想像の産物であるからこそ、ちょうど服をまちがえることがあるように、身体をまちがえたと感じることもあることになるのでしょう。ひとが美容整形手術を受けたり、異性装を試みたり、性転換の手術を受けたりするのも、じぶんの身体がどこかじぶんの存在にしっくりこないという思いがあるからだろうと思います。

これまで見てきたように、わたしたち一人ひとりの存在がもし、その根源において、ある想像的なはたらきによって支えられているのだとすれば、衣服や化粧というわたしたちの身体にもっとも近いところでなされる営み、つまり皮膚というわたしたちの存在の表面の加工や変形もまた、そういう視点からとらえる必要が出てくることがおわかりいただけたかと思います。J＝L・ベドゥアンが『仮面の民俗学』（斉藤正二訳、白水社、一九六三年）のなかで述べているように、着衣や化粧は「存在のもっている像を変形させることによって、存在そのものを修正しようとする」試みにほかなりません。じぶんの存在の物理的な形態を変えることでじぶんの実質を変容させたい、じぶんの限界を超え出たいという欲望で、わたしたちはいつも疼《うず》いているようです。

〈わたし〉の社会的な輪郭

イメージ上の性差を強いる服装の差

ひとはなぜ服を着るのか？　この問題をまずは衣服と身体との関係という視点から見てきたわけですが、衣服にはもう一つ、社会的な記号としてのはたらきもあります。人前に出るときにどのような装いをしたらいいか、その外見の構成ルールがそうです。また、他人にじぶんをよく見せたい、美しく見せたいといった自意識とか見栄からくる意味もおそらくあるでしょう。ここでは、そうした視点から、衣服の意味にアプローチしてみることにしましょう。

ファッションについて書かれた最初の思想書といわれる『モードの体系』（佐藤信夫訳、みすず書房、一九七二年）のなかで、ロラン・バルトは、ファッションは「〈わたし〉とはだれか？」という問いと戯れていると言っています。〈わたし〉はだれか？　男性か女性か、おとなか子どもか、どんな職業についているか、オフはどんな生活をしているか、どんな性格か……。性別、職種、年齢、ライフスタイル……たしかにこれらへの問いのすべてと、ファッションはかかわっています。

たとえば、わたしたちの社会では、男性と女性は骨格はほとんど変わらないのに、ズボン／靴下とスカート／ストッキングというふうに下半身はまったく別の衣料で覆います。さらにそれとのバランスで上半身につける上着も下着も、ずいぶん構造がちがっています。服装の色づかいにも、長らく比較的厳格な男女差がありました。もっとも、男性がスカートやストッキングをはくのは「ふつう」ではないですが、女性のばあいはズボンや靴下も許容されているというように、男女のあいだの差異も完全に対称ではありません。

自然的な性別（体型や体質、活動様式）が異なるから服装も異なるのかと言えば、これはどうも説得力がありません。現に、新生児に着せる服にしても男子が水色で、女子がピンクというのはなんの必然性もないことですし、また体型に性差のほとんどない児童でも水着のかたちはパンツとワンピースというように男女でまったく別というところからみても、そこには強い象徴的な意味が込められているとしか言いようがありません。その意味では、性差が服装の差を決めるというよりも、服装の差異が性差の意識をかき立てると言ったほうがよさそうです。

身体の表面で演出される属性

ファッションと性意識の関係について考えるときにいつも思いだすのですが、大和《やまと》和紀《わき》さんの『あい色神話』というコミックのなかに、若い女性のこんなつぶやきが出てくるシーンがあります。

家まで歩いて十五分……走って十分……
なんだかてれてれ歩くのかったるい……
子どものころはよく走ってたっけ
おつかいいくのや学校への道……
いつからだろう
あまり走ることをしなくなったのは……
女の子特有の小走りしかしなくなったのは……
……走って……みようか……
あのころのように軽く足はあがるだろうか
耳のそばで鳴る風の音をきけるだろうか
身体を空気のように感じることができるだろうか

大和和紀『あい色神話』（『週刊少女フレンド』1980年、講談社漫画文庫『あい色神話』2008年、©大和和紀／講談社）

スカートは女性の〈性の制服〉だということ、そしてそれが身ごなしやふるまいの一つ一つをかたどり、やがて身体そのものにもなじんでしまって、だれが見てもじぶんが「女らしく」なってしまっているということ、そして逆にそのことによって失ってしまったものへの静かな悲しみやはげしい疼き……。それらがたいへんにうまく表現されていると思います。

こうした〈性の制服〉と女性のセクシュアリティの意識のずれはだんだん無視できないほど大きくなってきたようで、とくに友人の結婚披露宴などでいわゆる「令嬢」のような服装をしかたなくするときには、多くの女性たちがまるでじぶんが「女装」しているような気分になっているのではないでしょうか。その意味で、衣服の構造にはその時代、その社会の男性的／女性的なものについての観念が強くはたらいていると言えます。

同じことは、性以外の場面でも言えます。子どもらしさだとか高校生らしさ、母親らしさとか教師らしさといった「らしさ」が話題にされるところではいつも、衣服やメイクやしぐさが、そういうイメージとの深い共犯関係のなかで強力にはたらいています。ある種の社会的な強制力をもって、です。このように身体の表面で、ある性的ならびに社会的な属性を目に見えるかたちで演出することで、服装は個人の人格を具体的にかたちづくっていくわけです。イメージの服を着込みながら、着換えながら、です。こうしたことから、西洋には“Clothes make people”（衣が人を作る）という諺もあるくらいです。

ひとの成長とは、このように、身ごなし（話し方、食べ方、歩き方、座り方、挨拶の仕方など）と身づくろいの共通のスタイルのなかにじぶんを挿入していくことを意味します。そうしてひとは社会の一住民となっていくわけです。職業上の制服や伝統的な民族衣装などは、そういう衣服の社会的意味がとくにはっきり出ているものです。現代社会では、皇族も議員も会社員も芸術家も宗教家も教師も、ほとんどの男性は公的な場面では、背広にネクタイというのがまるで制服のようになっています。逆の私的なシーン、あるいは社会秩序への抵抗のシーンにも、やはり制服は歴然とあって、茶髪、細眉、ミニスカート、ルーズソックスという出で立ちが、家と学校のあいだでの女子高生の「超」画一的な制服になっていて、そこからはみ出ることがとても勇気のいることになっているのは、ご存じのとおりです。このように見てくると、制服でない衣服を探すほうがむずかしくなります。

「微妙な差異」が可能にする「個性」

このような横並びのファッションは、今日では、流行を追う主体性のないファッション服として、ネガティヴに語られるのがつねですが、服装の歴史をふり返った場合、たとえば背広という制服にしても、もとをたどれば、「自由」の象徴としてきわめてポジティヴな意味づけをされていました。

一七八九年の大革命に先だつ十年ほど前に、フランスでは服装の平等化がはじまったと言われています。旧制度の階級社会では、貴族階級の衣服は権威と威信のしるしとしてあり、そこには、色や素材、仕立てから裏地や手袋、衿《えり》、飾り紐《ひも》といった細部にいたるまで、厳密な決まりがありました。新興ブルジョワジーは支配階級のそういう華美な服飾に対抗してむしろドレスダウンを志向し、単色・無彩色の地味な服を「市民の制服」として身につけだしました。やがてフロックコートをへて今日の背広の原型となる服です。

「自由」のしるしとしてのこうした市民の制服は、すべての市民が、出身階級やそれにまつわるさまざまの差別を廃棄し、社会生活においてみなが同じスタートラインに立つという、そういう近代社会の理念のヴィジュアルな表明として編みだされました。同じ服を着ることは、あらかじめ決定された社会的条件から個人の存在をいったん解除するという意味をもつわけで、こうした差異の解消がそこではとてもポジティヴな意味をもっていました。服飾とそれによって生まれる社会的な意味記号としてのはたらきを、服装からできるかぎり解除したシンプルな自由服として、背広の原型となるこうした服が作られたということは、いまではほとんど忘れ去られています。

いうまでもなく事態はやがて逆転し、現代では、こうした差異の解消は個人にとって逆にマイナスの効果をもつようになっています。制服が画一性・没個性といったマイナス価値のしるしとされるのです。階級や職業、民族や出身地などの差異をかき消して、個人がじぶんを個として意識できるよう促した「自由」の服としての服装の一様化が、こんどはそうした個人の特異性・独自性を曖昧にし、平板化するものとみなされるようになるわけです。諸個人の存在を画一化（＝ユニフォーム化）するものとして、です。

制服の意味は、現代ではこのようにすっかりネガティヴなものに反転しました。なぜなら、個人が与えられた社会的条件（家柄とか出身階層）によって規定されることが少なくなると、個人は他の個人との差異によってじぶんの存在を確定せざるをえなくなるからです。同等の存在という意味で社会の均質化が展開するようになると、個人は他者との差異とか「個性」といったものを強調しないでは、じぶんの存在をじぶんで確証できなくなります。

ここで微妙な問題が発生します。差異の解消は個人を解放しますが、しかし差異の完全な抹消はこんどは個人を不可能にするということです。他人と外見がほとんど同じであることは、市民のひとりとしての個人の存在を構成しますが、しかし外見がまったく同じになれば逆に個人としての存在は不可能になります。他者とほぼ同じであるということが個人の同一性を可能にし、逆に他者とまったく同じであるということが「だれ」という意味での個人に固有の同一性を不可能にするわけです。このように、ファッションという現象には、ひとびとがたがいに相手の〈鏡〉となって、みずからのセルフ・イメージを微調整しあうという面があります。「微妙な差異」にひとがこだわるゆえんです。

コスチューム・プレイが問う「わたし」

制服というのは、ひとの存在をある（社会的な）〈属性〉に還元してしまうものです。そうすることで、ひとは特定の個人として現われなくてもすみます。ここから制服としての衣服のいくつかの興味深い特徴が見えてきます。

警官やガードマンや車掌など、市民の安全にかかわる公的な職業につく場合や、スポーツの競技をおこなう場合など、とりわけて精神の緊張や集中が必要なとき、わたしたちは制服で身を包みます。一つの役割にじぶんの存在を還元するためです。

ひとは隠れるためにも制服に身を包みます。ひとはじぶんを目立たせ、奮《ふる》い立たせたいときもありますが、逆にできるだけ目立たないでひっそりと時間を過ごしたいときもあります。そういうとき、サラリーマンらしさ、ＯＬらしさそのものと言えるような服を着ることで、ひとはその固有性を消して、そういう「らしさ」の制服のなかに隠れることができます。

これらが制服の表の顔だとしたら、制服にはもう一つ、裏の顔というべきものもあります。「らしさ」の制服を着ることで身を偽ることができます。偽装がそうです。もりそれをゲームとしてやれば、コスチューム・プレイということになるのでしょう。もう少し、人格としてのじぶんの同一性を揺さぶってみたい、ぶれさせてみたいというときには、ひとはじぶんのアイデンティティの根幹にかかわるところでコスチューム・プレイをします。その典型が異性装でしょう。

はじめのところで、バルトがファッションは「〈わたし〉とはだれか？」と戯れていると言ったのは、そういう意味です。ひとは服は着ることによって「だれ」かになるわけですが、逆に服を着ることでその「だれ」を揺さぶったり、他人にたいして偽ったりすることもできます。ときにはじぶんのかけがえのない存在を賭け、ときにはそのイメージと戯れます。あるいはイメージを演じます。ちなみに「賭け」も「戯れ」も「演技」も、フランス語では「ジュー」（jeu）という同じ語で表現します。ドイツ語でも「シュピール」（Spiel）と、同じように表現します。このことは、わたしたちの人生において、存在と演技が厳密には区別できないだろうことを暗示しています。

制服は、最後に、規律や秩序にたいする人間の従順さをイメージとして表出します。ということは、規律への従順さを表わす制服が、まさにその従順さを凌辱するようなまなざしを呼び寄せるという逆の面を、いやでももたずにはいないということでもあります。それは、制服へのいわば裏返されたまなざしであって、制服でもとくに規律性の高いものが、まなざす者の欲望の震えとでもいうべきものを誘いだすようです。アニメのヒロインになりきるようなコスプレや異性装、さらには軍服願望やセーラー服願望など、制服への執拗なフェティシズムが少なからぬひとたちに現われるのも、制服にはこうした欲望を誘発するところがあるからだろうと思われます。

モード化する社会

現代社会に浸透しているモードの論理

わたしたちは服を、よれよれになったり、すり切れたりというふうに、着られるぎりぎりのところまで着ることはめったにありません。とくに上着は、流行遅れな感じがしだすとなんとなく着にくくなります。マイカーでも、ポンコツになってエンストばかり、もう動かないというところまで乗るひとは、めずらしいようです。モード変換（モデルチェンジ）がなされると、ついそちらに気がなびいて、買い換えてしまうというひとがほとんどではないでしょうか。

まだ着られるけれど、もう着られない。まだ乗れるけれど、もう乗れない。物へのわたしたちの欲望は、どうしてこんな動きをするのでしょうか。

たんなる物的な対象ではなく、欲望の対象となっているような物を、モノというふうに、仮にかたかなで表記してみましょう。モノには、たんなる物的な特性だけでなく、イメージ的な特性や象徴的な意味といった、社会的な記号としてのはたらきがあるからです。そして現代のような高度消費社会においては、そういう社会的な記号を消費するということが、モノを選び、購入するときの基本的な動機になっている場合がほとんどです。他人によく思われたい、あんなものをもっているなんて羨ましい、ステータスをワンランク・アップしたい……などといった思いで、ひとは商品を選ぶわけです。

売る側から言うと、こうなります。テレビや洗濯機、音響機器とか自動車といった、たいていの耐久消費財がどの家庭にもゆきわたって、商品としては飽和状態になり、そして品質もほとんど差異がないということになってくると、売る側は機能にいろいろとプラス・アルファをつけたり、さらにイメージや記号としての特性をいろいろに付加したりします。現代のＴＶコマーシャルを見てもすぐにわかるように、モノは、現代では、その機能とは別の次元でひとを誘惑するようになっています。商品が飽和状態になったとき、販売者は、モノの機能的価値に差異はほとんどないわけですから、こんどはモノへの欲望をいかにかきたてるかという方向に、関心をシフトしていきます。欲望の対象ではなくて、欲望そのものの生産です。

現在のコマーシャルで商品の機能をこと細かに説明しているようなものはほとんどありません。いろんなタレントを使って、さまざまな映像や音楽を使って、イメージでひとびとの欲望を疼かせることにやっきになっています。

モノの魅惑をその機能性から遊離したところで決定する因子、それがモードです。とりわけ、他者の視線を〈鏡〉としてセルフ・イメージを調整しているわたしたちは、そのイメージをじかに構成する服飾にはとくに敏感にならざるをえません。よれよれになっていなくても、今年はもうはずかしくって着られないということが、服には起こるわけです。

モードのそういう論理に巻き込まれないものは、現代社会には存在しません。自動車や建築、歌謡曲や飲食品、はてはボディやメイクや顔そのもの、アートや建築や文学や思想まで、モードの波をかぶります。流行《はや》りのものとして、消費されるわけです。この波はすさまじいものです。モードの対極にあるものさえ、それを呑み込み、モードの一例にしてしまうくらいの強制力があります。

流行りのスリムなボディを夢みて極端なダイエットにはまり、その結果、摂食障害に陥ってしまうといった例には事欠きません。モードのためにじぶんの身体を傷めるひとがいるわけです。あるいは、モードなんてどうだっていい、モードにひきずりまわされるなんてダサいという反モードの姿勢そのものが、モードのなかに組み込まれていきます。自然派や無印というのが流行になったり、わざとみすぼらしいかっこう、

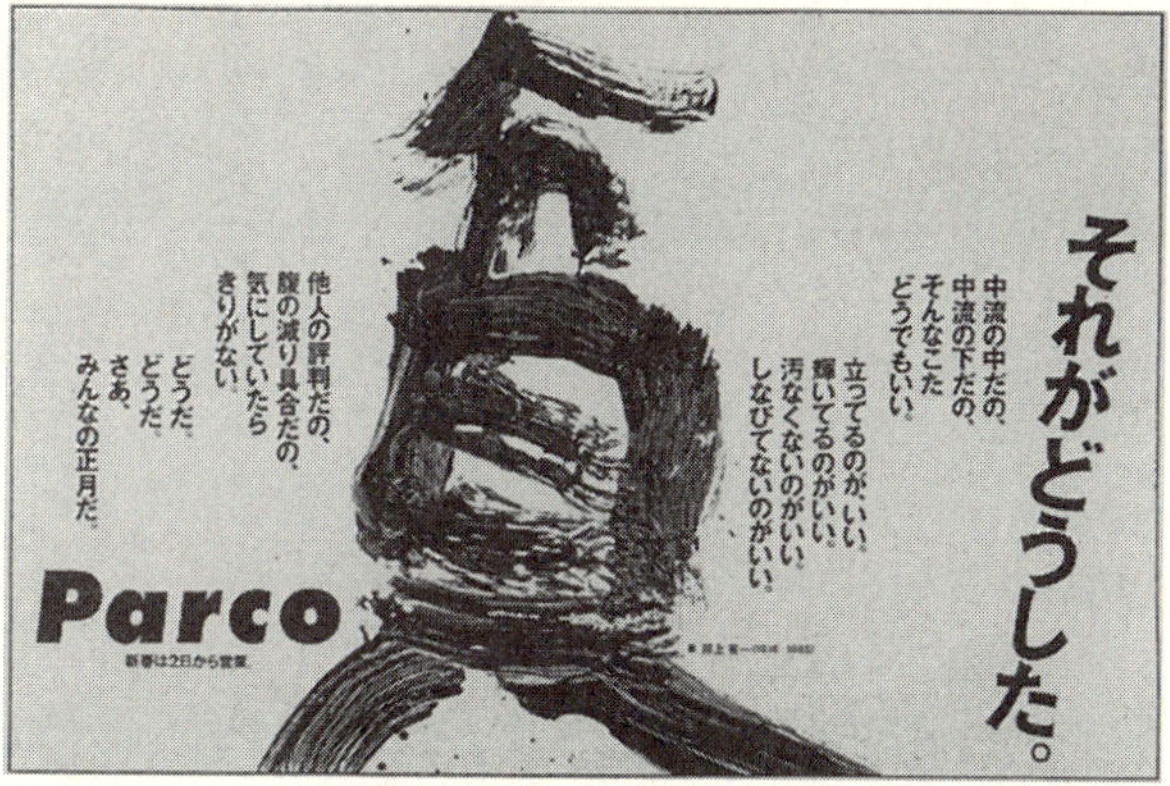

1987年1月1日のPARCO 新聞広告

だらしないかっこうをするドレスダウンや、ときにはパンクのような過激な反社会性のスタイルですら、流行となってコマーシャル映像に欠くことのできない存在になったりするのです。すさまじい浸透力です。

実際、八〇年代には〈貧〉もまた広告になりました。印のないこと、つまり記号と無関係であることも「売り」になりました。記号の外へ出ることが封じ込まれたのです。こうして〈貧〉と〈欠〉と〈無〉が広告のメニューに入ってきたのです。「無印」、「あ、原点」、「裸になれ」、「hungry?」……。思想とジョークと喪失感とがないまぜになったこれらすれすれの広告からアイロニーが脱落したとき、「清貧」という名の、それこそすてばちな流行が束の間発生しました。そのトップ・バッター〈貧〉は逃げ場がないことを認識させる点で、暗いポスターでした。〈貧〉の字はとっても明るく元気に、紙面の外へ走り出ようとしていたのですが。

セルフ・イメージは更新される

モードは、わたしたちがじぶんの存在をイメージとして思い描くときに――わたしたちにとって、じぶんの身体は知覚情報に乏しく、その全体は想像で補いつつ〈像〉として経験するのでした――、そのモデルとして社会に流通するものです。つまりその時代、その社会で標準となるセルフ・イメージのモデルを作りあげるものです。その理想というべきマヌカン、ファッション雑誌のページを飾るマヌカンのことを、モデルと呼ぶのはそういう理由からです。

だれが命じるわけでもないのに、わたしたちの意識や感受性はいつもモードに感染します。知らないうちにみなが同じ感覚で世界に接し、同じ感覚でじぶんを感じるようになります。こういう個人を超えたある共通の感受性のありかた（様相）、それがモードなのです。こうした感受性の基準、セルフ・イメージの基準を設定するモードは、たえず更新される運命にあります。モードは世界への新しいセンシビリティのありかたを提示し、それを煽《あお》り、社会のすみずみにまで流通させては、やがてそれを冷酷に棄却します。資本主義社会では、このように、ひとびとの欲望が萎《な》えないよう、たえず別の新しいものに向けて欲望を刺激し、活性化しつづける必要があるのです。

資本主義社会を特徴づけるこうした傾向は、しばしばネオマニー〔新しいもの好き〕と呼ばれます。何がぴかぴか輝いて見えるかを決定する感受性の基準が、このようにころころ変わるということには、じつはなんの必然性も認められません。服装の変化、自動車のデザインの変化を見ればすぐわかるように、それらは改良に改良を重ねながら、なにかある理想的な形態へとかぎりなく接近していくわけではなくて、単純に新しいということ、これまでのものとは肌ざわりやムードが違うということをしか、メッセージとして送ってきません。まったくの気まぐれなのです。

この気まぐれに必然性のような印象を与えるためには、物語が必要になります。といっても、その物語じたいがなにか必然的な理由をもって交替するわけではないのですから、必然性を演出するようなテクニックが必要になると言ったほうがいいかもしれません。

モードの変換は、物語の交替

モノを感受するときのそのモードの変換は、モノについて語りだす物語の変換というかたちで進行します。なにか素敵な物語を紡ぎだしては、そのイメージとしての魅力が磨耗してくると、それを廃棄してまた別の物語にとり換えるというふうにです。そのためには、(物語じたいになにか変化の必然性というものがあるわけではないのですから)いま何かが終わり、別の新しい何かが始まりつつあるという感情を、鮮烈なものとして煽る必要があります。

一時期「ナウい」という言葉が流行したことがありました。かっこいいもの、モーディッシュなものを愛でる言葉です。この言葉がモードのこうした時間形式をなによりもよく表現していたように思います。ゲオルク・ジンメルというドイツの思想家は、モードの世紀ともいうべき二十世紀のとば口で、すでに時間という次元におけるモードのこの狡智について、するどい指摘をしていました。「流行はつねに過去と現在の分水嶺《ぶんすいれい》に立ち、そうすることによって、流行が栄えているかぎりは、他の現象にはまれにしかないほどに、強烈な現在の感情をあたえる」というのです(「文化の哲学」『ジンメル著作集・7』円子修平・大久保健治訳、白水社、一九七六年)。つまり過去からきっぱりと切断される「分水嶺」としての現在《いま》にたいして向けられる鮮やかな感情が、「ナウい」とのちに表現されることになるようなファッション感覚の核にあるものだというのです。

こうして、何かが去りゆき別の何かが来るという感覚、ある物語が終焉し別の物語が始まるという意識が、物語の交替、つまり世界にたいする感受性のスタンダードがはっきりと交替しつつあるという意識を、ひとびとのうちに深く浸透させていくことになるわけです。

終焉を宣告されたものは、どんどん風化していきます。なさけないほど速く、その輝きをすり減らしていきます。

こうしたモードの酷薄さは、皮肉なことに、ファッションやモードやモダンという言葉じたいの輝きをもすり減らしていきます。モードの足もとをも突き崩していくのです。ファッションという言葉はファッション・ホテルだとかファッション・ヘルス（ファッション&健康⁉）という言葉へとずらされ、モードはモード履き（安っぽい花飾りをつけたビニールの甲にゴム底のつっかけ）という言葉へとすべり落ちました。かつてモダン・ボーイとかモダン・リビングなどといった表現にもちいられたモダンも、いまではモダン焼というお好み焼きのメニューの一つとして定着しています。かっこいいものの形容詞であったモードは、こうしてダサいものの代名詞へと裏返ってしまうのです。

こういうモードの儚《はかな》さをさして、ロラン・バルトは、「モードとは、無秩序に変えられるためにある秩序である」とか、「モードはこうして、《みずからせっかく豪奢につくり上げた意味を裏切ることを唯一の目的とする意味体系》というぜいたくな逆説をたくらむのだ」というふうに、モードにきわめてアイロニカルな定義を与えました。

古着の流行と現代の時間感覚

モードのこうした論理はわたしたちのうちに、あらゆるものは意味を演じているだけだ、すべての価値はやがてすり減り、輝きを失っていく……といった儚い感情を染みわたらせていきます。ほとんどのひとが大なり小なり、モードに遅れてはなるまいと必死にくらいついていったのでしたが——モードを追う気はなくても、遅れすぎるとかえってめだつので、やっぱり大勢に従うというのが、モード嫌いのひとのモード志向なのです——、モードとして押しだされたモノがみなすぐにすたれ、廃棄されるさまをくりかえし目のあたりにしているうちに、そうしたひとびとの意識の隅に巣くっていたほのかな不安が、だんだん膨らんでいくことになります。時間が耐えられないほどに「軽く」感じられるようになるわけです。

さて、二十世紀の終わりに古着が流行るなんて、いったいだれが予測したでしょうか。じぶんだけのものがほしいというのが、長らくわたしたちの欲望の基本形でした。

じかに身につける服や靴は、とくに他人と共用しにくいものでした。それが、異物との接触を徹底して回避するあの八〇年代の清潔症候群のあとで、突然、若いひとたちのあいだに古着ブームが起ころうとは。

母親の古いワンピースや父親のベストをおもしろがって着ることもありますが、たいていは古着屋さんで求めるようです。着古してあると生地がもまれていて、すぐに肌になじむ……というのは、古着を着ないわたしでもすぐに想像はつきます。服と格闘するというような気張った着方は、「世の中、なんか見えちゃってる」とか「ずっとこのまま」といった脱力気味の時代感覚には、もう合わないのかもしれません。

こうしたブームは、これまでファッション・シーンにくりかえし現われたレトロ（懐古趣味）とはすこし違うような感じがします。あらゆるものが出そろって新しいものが見えにくいときに、ふと古いテイストを引用するというあのモードの常套法《じょうとう》ではありません。かといって、所有意識が変わった、リサイクル思想が浸透した、モード社会が終わりつつある……などと大仰に解釈するほどのこともなさそうに思います。なにか時間の手ざわりに渇いているのかな、と思わないでもありません。留守番電話やビデオテープなどもすでに普及し、とりかえしのつかない過去という感覚がずいぶん薄れてきたことも関係があるのでしょうか。過去・現在・未来の順序がかんたんに操作できるものになりました。時間が軽くなった……という感じです。

パリのポンピドゥー・センターの依頼で、日本人デザイナー山本耀司の仕事ぶりを撮ったヴィム・ヴェンダース監督は、その映画『都市とモードのビデオノート』のなかで、山本耀司の服をはじめて着たときのことをこんなふうに回想しています。「シャツと上着を買った。ふつうは新しい服で鏡を見ると、新しい皮膚に興奮するものだが、かれのシャツと上着はちがった。新しいのに長年着ている服のようだった」、と。ここには時間の澱《おり》がたっぷりしみ込んだ服の心地よさがあります。古着の場合もそれを着れば、捨てられた服、失われた時間を哀悼する気分に浸れるというところがあるのではないでしょうか。

よれよれの古着とは正反対の、超高級ブランドを競って身につける若い女性たちも最近はよくめだちます。シャネラーとかグッチャーと呼ばれるひとたちです。古着ブームの対極にあるように見えるこの第二次ブランド・ブームのなかにも、ひょっとしたら、あらゆるものをファッションとして消費してしまう社会への抵抗という意味があるかもしれません。物とそれを作りだす職人の伝統のなかに深く宿っている時間の手ざわり、時間の厚みにふれるという……。もっとも八〇年代のブランド狂騒曲を見てきたものとしては、そういうブランド志向はつい横並びの極端なものに見え、その復活ににわかに信頼を寄せるのには、どこかためらわれるところがありますが。

くりかえしますと、古着ブームとブランド・ブームはまったく対極にある現象のように見えながら、時間の「耐えられない軽さ」へのささやかな抵抗としては同じ現象なのかもしれません。布が呼吸してきた歴史のなかに、あるいは伝承されてきた職人の技のなかに、操作不可能な時間の重さを感じることができたら、というささやかな思いが投影されているというのも、十分に考えられることです。

コスメティック――変身の技法

顔面にほどこされる社会的な記号

化粧の技法には足し算と引き算の二つがあります。髭を剃ったり、体毛を除去したりというのは引き算の手法で、ファンデーション・クリームを塗り、アイシャドーとアイラインを差し、ビューラーで睫《まつげ》毛をカールし、口紅を引き、イヤリングをつけ……というのが足し算の手法です。後者は、素顔を廃棄して別の顔に置き換えるという意味で、まさに顔を作る（メイクする）ものです。

このメイクの逆の操作が、「顔を落とす」という操作です。女性がクリームや洗顔液を使って化粧を落とすとき、丹念にメイクされた顔の下側には化粧する前のオリジナルな素顔が出てくるかといえば、じつはそうではありません。「すっぴん」といわれる顔は操作ゼロの顔というよりも、むしろすでに眉を剃ったり、肌がつるつるに手入れされたりしています。化粧を完璧にすればするほど、顔から何かが消えていくのかもしれません。身体が装いとして表面を加工されたり、しぐさとして内側から構造化されていたように、顔も、化粧によって加工されたり、表情として内側から構造化されており、素のままの顔というのも一つの幻想だと言ってもいいでしょう。

都市生活のなかの顔

ところで、〈顔〉という視点から現代の都市生活を見たときに、一つ不思議な事実があります。それは、ひとびとがどうしてこれほどまでに徹底して顔を露出することになったんだろうということです。このことは皮膚をしだいに露出することになったこと以上に、不思議な感じがします。

いまでも顔をはじめとして、全身をすっぽり布で覆い隠すのがふつうと言われるような文化はあります。あるいは、第二次世界大戦のころまでは、ヨーロッパをはじめ多くの地域で、男性は髭をたっぷりと生やして、顔のかなりの部分を多い隠していたように思います。日本にも昔、貴族が眉を剃り落としたうえで額の上部に卵型に描き換えるという奇妙な習俗がありましたが、これは眉が人間の感情を微細に表現してしまうので、他人に本心を読まれないように、つまり表情を隠すためにそうしていたという解釈もあります（村澤博人『顔の文化誌』東京書籍、一九九二年）。

理屈から言えば、顔を露出するというのは、心のなかがのぞける窓を開けているようなもので、未知のひとたちが至近距離で暮らす都市生活ではたしかに無防備です。安全のためには顔をある程度隠しておくほうが合理的だと言えます。にもかかわらずそのように顔をむきだしにするようになったのは、大都市の生活では、ほとんどのひとが未知であるので、たがいの安全を確保するために、逆にそれぞれが身元を明確にさせておく必要が生じたからだと考えられます。なにも武器をもっていないことを明らかにするところから握手という習慣が生まれたように、邪悪な意志を隠しもっていないことを明らかにするために顔をあえて露出しあうという習慣が定着したのではないでしょうか。

近代都市では、ひとはつねに「個」として同一の存在であること、社会のなかでだれでも理解できるような明確なポジションを占めていることが強く求められ、それがはっきりしないいかがわしい変装や仮装は、カーニヴァルや舞踏会のような特殊な機会をのぞいて禁止されました。

こうして顔面は、だれもが理解可能な「性格」という記号が書き込まれる平面となりました。それを偽らず露出しているときが「素顔」というわけです。そしてそれをよりよく見せようとして、つまり偽っている、化けているのではないことを偽装するために、丹念な化粧をほどこすという手の込んだ技法をとり入れだしたのです。現代の化粧品市場は二兆円規模だと言われていますが、これは大づかみに言って下着市場の二倍以上の規模だそうです。顔を演出するために、あるいはちょっと意地のわるい言い方をしますと、社会的な意味記号にそって顔面を整形手術するために、ひとは膨大な費用をかけているのです。このことが意味するところを、次に考えてみましょう。

宇宙的な意味をもっていたコスメティック

くりかえしますと、現代女性の化粧は、メイクしているという事実を隠そうとするものです。メイクしていながら生まれつきそのような顔であったかのように装います。いわゆるナチュラル・メイクです（直訳すると自然的技巧となって、これが自己矛盾を含んだ概念であることはすぐわかります）。ところが、このようなメイクというのは、人間の社会や歴史において普遍的にみられる習慣ではありません。

たとえばサハラのウォータベ族には、女性が男性の「美」的優劣を決めるダンス・コンテストがあります。男は髪の生え際を剃り落とし、眼と歯の白さを際立たせるメイクをし、顔を絵の具で塗り分け、魔除《まよ》けのネックレスで飾る。そして、女にむかって眼を大きく見開き、目くばせする。背を高く見せるために爪先で立ち、前方に揺れる……。

このシーンを見ていて考えさせられるのは、化粧について論じるとき、メイクしながらメイクしていることを見せないようにする、つまりもともとこういう顔であるかのように偽装することを本質とするような「ナチュラル・メイク」が、化粧の常態であると考えるととんでもない誤りにおちいるということです。

化粧をしているという事実を隠さないメイクは、偽装のメイクの長い伝統を破って、わたしたちの周辺にもしだいに広がりつつあるようです。茶髪や金髪、描きなおした細い眉、そしてブルーやブラックのマニキュア／ペディキュアの流行、いわゆる「悪趣味メイク」がその一例です。

ファッションとは、ひとびとがたがいに自己を映しあいながら、そのセルフ・イメージを微調整しあう〈鏡〉の現象だということは、前に確認しました（「〈わたし〉の社会的な輪郭」参照）。ファッションはこの意味では、ひとを秩序の内部へと組み入れる装置であると言えます。が、その同じファッションが、ひとをその秩序の外部へと連れだしもします。ひとは、世界の尺度とか社会のならわしをいわばひっくりかえすようなかたちでみずからの外見を変化させもします。

身体の塗飾や変工としての装いには、かつて宗教儀礼や科学的探究に擬することのできるようなパワーがあったのです。ここで宗教や科学と言っているのは、見えないものを摑《つか》む技法としてのそれです。宗教は超自然的なもの、世界を超えたものを呼び込もうという技法であり、また科学もかつてはこの世界を動かしているある見えないものを摑もうとする技法であったのですが、同じことが化粧や服飾についても言えます。コスメティックや装いもまた、宗教における修行や瞑想や舞踊（トランスダンス）などと同じく、じぶんの目に見えているもの以上のものを摑もうとする感覚技法であり、そのために身体という、世界を感受する器官そのものをさまざまに変換する操作としてあったのです。身だしなみや身づくろいの技法であるコスメティック（cosmé-tique）は、もとはと言えば、宇宙的＝コスミック（cosmique）な意味で浸されていたのでした。

しかし、顔はしだいにこの世界の「外部」に向けられることはなくなっていきました。「仮面の衰退とともに、近代の頽廃が始まった」とは、ロジェ・カイヨワの指摘ですが、人間の顔面がやがて、マスクが顔であり仮面でもあるという二義性を失い、個人の記号へと縮小していったのです。それとともに、化粧や装いが、変身とエクスタシーの媒体としての機能を見失ってしまいました。身体の表面、とくにその開口部（目や口や耳）や指先といったわれわれの感覚器官は、墨で、紅で、鉱石や金属で、そしてエナメルで飾られていても、それはもはや、宇宙をより深く、よりみずみずしく迎え入れたり逆に悪霊の侵入を防ぐという呪術的な意味は失って、むしろ他者、つまり同じ社会の別の構成員に向けられた誘惑や演出の手段、対人関係の微調整の手段、もしくは一定のルールのなかでの小さな逸脱を演出するための手段でしかなくなっています。

制服化する顔

こうした歴史的なコンテクストのなかで、もう一度現代の化粧を見てみましょう。化粧という行為は、じぶんの表面を変えることによって、じぶんの実質を変えてしまおうという欲望に発するものです。ひとはじぶんから抜けだしたい、もっと違ったじぶんになりたいとおもって、その表面に介入していくわけです。

それは、顔を現にあるのとは別の顔に置き換えるという意味では、一種の〈変身〉であるでしょうし、また現にある顔を隠す、偽るという意味では一種の〈変装〉とみなすことができるでしょう。そしてその極限形態が、それぞれ仮面と覆面です。現代では、顔に仮面をかぶる、覆面をするといった習慣は、祭儀のときですらめずらしくなっていますが、逆にそのより穏やかな形態としての化粧は普遍化して、ほとんどのひとがほとんどの時間、じぶんの顔になんらかの加工をほどこすようになっています。

そしてそれとともに、化粧の水準が、「化ける」ことから、「粧《よそお》う」こと、つまり「おこしらえ」へとスライドしてきたと言えます。つまり、ひとの表面を微細に揺らめかせることはあっても、それは世界の「内部」で他人にかかわるアングルを少しずらせてくれるだけで、これに比べると「だれ」ということを消去する覆面のほうがはるかにインパクトが強いのです。

化粧がもはや変身のメディアでも、変装のメソッドでもなくなったということは、別の言葉でいえば、ひとびとがじぶんの「素顔」を、まるで生まれつきそんなに美しかったかのように懸命に演出しようとするようになったということです。まさに美顔術です。ひとはそこで、別のものになるというよりもむしろ、じぶんの別のイメージをたぐり寄せようとするのです。

だからスターやアイドルの化粧はすぐに模倣されますが、鳥や猛獣や霊などといった昔からあるモデルは参照されません。そして、模倣されるセルフ・イメージのモデルがメディアを通して供給されるので、結果としてみんなが同じ化粧品、同じ化粧法でじぶんのイメージを構成することになります。このように、ひとびとを本質的に個性化し、多様化するはずのコスメティックという装置は、逆説的にもひとびとの存在を同質化し、平準化してしまうのです。近代社会では、顔もまたまるで制服のように標準化されてきたわけです。

感受性を飾るための宇宙の解釈法

和辻哲郎が『面とペルソナ』（岩波書店、一九三七年）という小さな本のなかに書いていたように、顔を思い浮かべずにだれかを思い浮かべることはできませんが、逆にそのだれかの存在を顔に還元することもできません。ひとは顔よりも、もっと見えにくい存在を、あるいは〈わたし〉の意識などそれのたんなる表層効果にすぎないような影をもっています。そうした個人の存在の重層性は、表面としての顔のメイクを超えて、もっと多様なコスメティックのチャンネルを要求しているのではないでしょうか。じぶんを他人と同調（あるいは対抗）させるためではなく、じぶんの重層的な存在を発見するためのコスメティックを、です。

さてそのためには、おそらくはまず、コスメティックに時間性を回復させねばならないでしょう。現代のメイクは老いを回避しようとしています。だから顔面に透明の覆いをかけ、言ってみれば防水加工をほどこします。しかし美しい顔というのは、ほんとうに時間の澱《おり》を消去した顔のことなのでしょうか。そのような「つやつや」の顔は、時間という契機があらかじめ抹消されている顔、つまりだれの顔でもないただの皮膚ではないでしょうか。時間ももだえも哀しみも傷もないような顔、それは顔ではありません。それは匿名のボディにすぎません。

ミシェル・セールという哲学者も書いているように、人類が太古から刺青《いれずみ》や塗飾などのコスメティックをほどこしてきたのは、ひとびとの感覚の表面である皮膚が折り畳まれ、襞《ひだ》となって、みずからと接触している部分、かれの言い方では、〈魂〉が宿っている場所なのです。そして本来のコスメティックは、皮膚のあちこちに散在するその〈魂〉の声にもっと深く耳を傾けるものであったはずです。そのときその声は、おそらく、美しく飾られた耳にこそもっとも清澄に響くことでしょう。コスメティックとは、世界へのわたしたちの感受性を飾るものとして、宇宙（コスモス）の解釈法にほかならないのですから。女性たちが現在、眼もと、口もと、耳、指先……と、世界を微細に感受する器官のまわりをいろいろに飾っているのには、ある深い理由があるように思えてなりません。

「私は化粧する女が好きです」

化粧といえば、一昨年の冬に見たとても印象的なシーンを思いだします。その日はわたしの大学では、卒業論文の提出日でした。大学へ行く電車のなかで、ひとりの女子学生が必死に最後の点検をおこなっていました。そして電車がもよりの駅に到着する直前です。彼女は、卒業論文を閉じ、かわりに鞄からルージュを一本とりだし、その唇にきりっと引きました。ほぼ一息でした。その凛々《りり》しさに、思わず見とれてしまいました。

寺山修司に、化粧についてのとてもすてきな文章があります。それを最後に引いておきましょう。

一言でいってしまえば、私は化粧する女が好きです。そこには、虚構によって現実を乗り切ろうとするエネルギーが感じられます。そしてまた化粧はゲームでもあります。

顔をまっ白に塗りつぶした女には「たかが人生じゃないの」というほどの余裕も感じられます。

(略)化粧を、女のナルシズムのせいだと決めつけてしまったり、プチブル的な贅沢だと批判してしまうのは、ほんとうの意味での女の一生を支える力が、想像力の中に在るのだということを見抜くことを怠った考え方です。

(『さかさま恋愛講座・青女論』角川文庫、一九八一年)

ハイブリッドという現象

世界モードに影響を与えてきた日本の衣服

衣服のことを英語では「コスチューム」（costume）と言います。この言葉は「習慣」を意味する custom とともに、ラテン語の動詞 consuesco（慣れる）に由来します。同じようにフランス語でも、衣服は costume、習慣は coutume です。フランス語では衣服は habit、習慣は habitude とも言いますが、どちらもラテン語の動詞 habeo（もつ）を語源としています。身体感覚に深くかかわる衣服と一つの文化の基底をなす習慣のあいだには、このように古い結びつきがあるのです。そこで異文化間の接触や交流の例の一つとして、異なる着衣の習慣が接触し、たがいに影響しあう場面をとりあげてみることにしましょう。

和服はもう長らく、日本人の生活からすっかりかけ離れてしまっています。たしかに成人式や卒業式には振り袖がつきものです。けれどもそれは、日常生活の隙間のごくかぎられた機会のための衣裳であって、通勤や通学に、あるいはスポーツやショッピングに着られるものではありません。きものは現代では、女性的なものの存在をその全幅にわたって表現する装置ではなくなっています。「かわいい」「おしとやかな」といった属性は演出してくれるでしょうが、いうまでもなく現代女性はもっと別な面でじぶんを表現しようとしています。男性のきものとなると、これはもう、旅館の浴衣《ゆかた》以外にはほとんど接する機会がありません。繊維を扱う問屋街に行っても、きもの姿で働いている社員はまったく見かけなくなりました。

さて、いまではすっかり工芸品か式服と化してしまったそのきものが、日本人がそれを棄てて、衣の洋装化に向かったちょうどその時期から現在まで、幾度かにわたりヨーロッパのファッション革命に決定的な影響を与えてきた、と聞いて耳を疑わないひとは少ないかもしれません。和服はほぼ伝統衣裳の域に入りましたが、逆に、現代日本のデザイナーの仕事をぬきに七〇年代以降の世界のモードは語りえなくなっているという事実があります。

エレクトロニクスやモータリゼーションなどいわゆるハイテクを駆使した領域も、日本はその技術力によって世界の産業界を牽引《けんいん》していると言えますが、デザインという面、とくに物の、あるいは環境のデザインを組み立てている構想力と感受性という観点からすれば、つねにその動向が世界の注目を集めているのは、建築とファッションではないでしょうか。ともにアートと産業の境界領域にある仕事であり、またともに身体の生きた空間を創造的に構成する作業です。とくにファッション・デザインは、もはやエキゾティシズム〔異国趣味〕の段階をとうに通り越して、普遍性と先端性とを兼ね備えたコンセプトと技術と商品感覚とによって、モードの現在を引っ張っていく位置にありますし、さらには時代の空気を目に見えるかたちにするその表現力によって、他のカルチャーシーンにも強烈な刺激と方向性を与える役をも引き受けてきました。

モードのジャポニスム

前史から話をはじめましょう。日本のきものが少しアレンジされて愛用された例は、十七世紀に長崎から伝わり、当時のオランダの男性のあいだで愛用されたヤポンセ・ロッケンという室内のおしゃれ着までさかのぼることができますが、ヨーロッパの服飾文化への影響となると、最初の大きな波は十九世紀の中葉に見られます。ジャポニスム——最初はむしろシノワズリー〔中国趣味〕との対比でジャポネズリーと呼ばれました——という言葉はもともと、十九世紀の中頃からフランスを中心に流行した日本趣味、とくに絵画に見られる浮世絵をはじめとする日本美術の影響をさしますが、同じこのジャポニスムの影響はファッションにおいても見いだされるのです。服地に、きものの文様や柄（菊や梅や藤、鶴や燕といったモチーフ）、漆器ややきものに描かれた図案がよく用いられました。ジャポニスムは、まずは意匠のレヴェルで導入されたわけです。もちろんそれらは、異国趣味（エキゾティシズム）の一様相として衣服の表面を彩ったにすぎません。が、一九〇〇年の貞奴《さだやっこ》のパリ公演でそれに火がつきました。そしてそれを境に、きものの影響は裁断法や着こなしなど服の実質に及んでいきました。

コルセットで身体を不自然なかたちに加工・変形し（砂時計型のシルエット）、その身体を布でパッケージのように隙間なく梱包したうえで、さらにその表面に過剰な装飾をほどこしていく、そういう十九世紀の服飾デザインからの脱皮を試みたデザイナーにポワレがいます。ポワレは「身体から離れた衣服」を構想したのですが、そのときかれが注目したのがきものの構成法だったのです。直線的裁断、ウエストではなく肩を支点とするゆるやかで流れるようなシルエット、抜き衣紋やお引きずりといった着方などです。続くヴィオネとフォルチュニイは、それぞれバイアス・カットとプリーツとで、「からだに対するゆとりや衣がはらむ空気を強く意識した服」を作りました。そしてこれらは、以後、西欧の衣服デザインの基本的なヴォキャブラリーとなっ

ポワレの夜のコート　1922年　“Gazette du Bon Ton”
（文化学園大学図書館所蔵）

たのです。

衣服の構造を揺るがした日本人デザイナーの登場

しかし日本のデザインがほんとうの意味で「洋服」に決定的な影響を与えたのは、一九七〇年代以降に日本人デザイナーが西欧の衣服の構成原理に対しておこなった根源的な問いかけによってです。

七〇年代から八〇年代にかけての日本人デザイナーの登場は、パリ・コレクションにとって、一つの事件でした。たとえば野良着をアレンジしたような七〇年代の高田《たかだ》賢三《けんぞう》の服、その緩《ゆる》んだかたちや模様の重ね、三宅一生《みやけいっせい》の「一枚の布」というコンセプトにみられた野性的な身体性への関心、そして川久保玲《かわくぼれい》と山本耀司《やまもとようじ》の破れたりほつれたりした破壊的なポペリスム（貧乏主義）の服……。これらは服が服でなくなるような瞬間というものに触れていました。形がたえず変わる服、穴だらけの服、ほつれやだぶつき、崩れた形、脱色あるいは黒のモノトーンの生地……。つまり、多くのひとが顔をしかめるような服、美やエレガンスを求めない服、セクシュアリティを消し去る服、そしてジャポンの香りを漂わせエキゾティシズムに退行することを禁じるファッション・デザインです。

このようなアンチ・モードの襲撃は、衣服の構成、ないしは身体と服との関係に、従来とはおよそ異なる原理を持ち込むという意味で、衣服というものへの根源的な問いだったわけですが、それまでのヨーロッパの伝統的な服作りからすれば、スタイルの破壊あるいは服の解体と映ったのでした。

ほんとうはしかし、それは衣服デザインにとってきわめて構造的な意味をもつ事件だったのです。身体にぴたっとフィットしない服、身体をきちっと囲わない服……ルーズフィットという言い方もなされましたが、それらは、身体を美しく包装する、そういう身体梱包、身体パッケージとしての服ではなく、むしろふわりと身にまとうような服なのでした。

それは「ふるまい」という美しい名前をもったひとびとの身のさばきを構成するような服、ときには身体との緊張した対抗関係のなかでそれにまとわりつき、ときにはそれを繭《まゆ》のようにやさしくくるむ服と言いかえてもいいでしょう。それがたとえば、柔らかな生地の重ねになったり、だぶついて肌と布地のあいだにたっぷりと空気を孕《はら》むような服になったり、すきまだらけの服、十分なゆるみとずれをむしろ生かす服になったりする。要するに身体に密着もしないし、身体を密封しもしない服なのでした。「機能が形態を規定する」ということがデザインのポリシーとしてよく言われますが、着やすさという点で、たしかに衣服は機能的なものでなければなりません。けれども、機能的というとき、それが何にとって機能的かは一概に決められません。そもそも日本のきものは、単純にボディにとって機能的であることをめざしているとはいいがたい面があります。それはむしろ、（ボディ、つまり物体や胴体としての身体をではなく）ふるまいを演出するもの、運動としての身体に固有のヴォリュームを与える服としてありました。いいかえますと、肉塊としての身体《ボディ》ではなく運動のなかにある身体、運動としてのその見えない身体にそのつど見える形を与えるものとしてありました。

前衛派デザイナーのなかにある「きもの」

日本の伝統衣裳としてのきものがもっていた機能性、ある意味ではモダニズムの極みともいえるその完璧なまでの機能性は、いまでは工芸品と化した感のあるきものによりも、むしろこれら前衛派のデザイナーたちの仕事のなかに深く入り込んでいると言えます。たとえば、たたんだときに矩形《くけい》の平面になるような裁ち方（しまうとき、持ち運びするときのことを考えたデザインです）、サイズの自由さ、非対称の形、着方で変わる形、衣服のシャープな線のあわいが演出する切れのあるエロティシズム、別のものに代用できる服（風呂敷的な発想）、そして着てはじめて完結する未完成な服など、そこには、ずれとかほつれとかつぎはぎ、緩みやすきまや間《ま》など、身体の梱包という原理からするならば否定的にしかとらえようのない契機が、逆に、服というものにかぎりなく微細な柔らかさを与えながら、布地の合間できわめて生き生きとはたらきだしているのです。

この柔らかさと、この構えない普段着の感覚とが、「美」とか「エレガンス」「男らしさ／女らしさ」といった価値への異議申し立てと連動しながら、かつてはフラワー・ムーヴメントと呼応し、現在はモード（流行）の〈外〉へ出ようというモード以後のデザインの可能性を開きつつあるわけです。この意味で、西欧が生んだモードがその外部へと出ようとするときに、肉の塊としての身体を梱包するという原理とは異なった原理、あるいは美しさとか優雅さ、セクシーといった価値とは異なった価値へ向けての脱皮の可能性を、非西欧的な衣裳に求めたのは自然ななりゆきだったと言えるでしょう。これら現代日本の衣服デザイナーの影響は、七〇年代以降、意匠や文様のレベルではなく、〈衣〉そのもののもっともベーシックな水準にまで下降してきたのです。

オートクチュール界に見るハイブリッドの歴史

ところで、こういう異種交配《ハイブリディゼーション》の現象は世界のいたるところに生じています。《モード の都》として知られるパリでは、いまも、こうした異種交配がとりわけ激しくみられます。たとえばこのモード都市が、ひとりの英国人とともにオートクチュールの華を開いたことは意外に知られていません。季節ごとのモード・コレクションとそのためのマヌカンの制度を考えだし、「パリ・オートクチュールの創始者」とも「モードの魔術師」ともいわれたシャルル・F・ウォルト（英国名、チャールズ・F・ワース）は、英国・リンカンシャーの工業町に生まれ、少年時にロンドンへ出て衣装材料商の店で七年間の徒弟奉公をしました。そして二十歳でパリに渡り、パリの名門服飾店の一つ「ガジュラン」で修業したあと、一八五一年、ロンドンで第一回万国博覧会が開かれたときには、ガジュランの衣裳制作部門のチーフとして腕を振るい、金賞を受賞して一躍有名になりました。その後独立して、ウージェニー皇后のクチュリエとして名をなすとともに、「モードの独裁者」としての地位を固めたのでした。

興味深いのは、ロンドンでの万国博覧会に、フランスがパリ・モード界の新星としてこの英国人を送りだしていることです。フランスのシンボルを外国人が担ったのです。そういえば現在のパリの顔、デファンス地区の新凱旋門の設計者も、ルーブル宮のガラスのピラミッドの設計者も外国人です。他者を自己の内部の異物として取り込み、それによってますます厚みを増すというパリのこの懐の深さには、ただならぬものがあります。

ウォルトの後も、パリでその才能を開花させた外国人のクチュリエが数多くいます。英国人のモリヌー、スペイン人のバレンシアガ、ギリシャ人のドゥセ、そしてイタリア出身のスキャパレリとニナ・リッチ。カルダンとウンガロもイタリア生まれです。まさにファッションのエコール・ド・パリです。

フランスの地方出身のココ・シャネルも、パリで成功するや、こんどは「最後のパトロンヌ」として、亡命中、修業中の外国人芸術家たちの活動をさまざまな面から支援しました。二十世紀アヴァンギャルド芸術の大事件と言われたバレエ「パラード」とそれに続くいくつかのバレエ公演は、脚本がジャン・コクトー、作曲がエリック・サティ、装置デザインがパブロ・ピカソ、振付はニジンスキーの後継者レオニード・マシーンという構成で、それにディアギレフやストラヴィンスキーらがからみ、さらに衣裳担当としてシャネルが加わるという、史上最強のセッションをくり広げたのでした。阿片中毒のコクトーの看護をしたり、窮乏状態のラディゲの詩稿を買い取ってやったり、ストラヴィンスキーに住まいを提供したりもしたのも、同じココでした。

もっとも象徴的なのは、八〇年代、このオートクチュールの帝都の中枢に外国人デザイナーが君臨することになったことです。シャネルにドイツ出身のカール・ラガーフェルトが、ディオールにはイタリア出身のジャン・フランコ・フェレが、主任デザイナーとして、じぶんのプレタ・ポルテのブランドをもったまま着任しました。最近では、ジヴァンシーのデザインを英国の若手デザイナー、ジョン・ガリアーノが、次いで同じ英国のパンク派、アレクサンダー・マックイーンが担当して話題をまきました。また九七年から、エルメスのデザインを、今をときめくアントワープ派のアンチ・モードの旗手、マルタン・マルジェラが担当しています。

どこのだれのものとも知られていない仕事でも、とにかくまず見てよければよいと評価するその批評力が、いまもなおハイブリッド都市パリを支えているようです。さすがに、かつて詩人のステファヌ・マラルメが『最新流行』というモード誌を主宰し、『肉体の悪魔』『ドルジェル伯の舞踏会』の著者レイモン・ラディゲがファッション批評に手を染め、批評家ロラン・バルトが構造主義的モード論『モードの体系』を書いた国だけのことはあります。

文化の境界を軽々と越えるモードの感覚

洋服やTシャツやジーンズがそうであったように、あるいはパリ・コレクションの現場がそうであるように、ファッションには異なった文化や思想の伝統の隔たりを軽々とまたぎ越してしまうようなパワーがあります。異文化理解の可能性の限界だとか相対主義という底のない泥沼などに直面して、思想的にはなかなか乗り越えられない異文化の境界も、植民地などで多言語がいやおうなしに混じりあうときに生まれてくるクレオールのようなハイブリッド言語がそうしたように、わたしたちの皮膚感覚もまたポピュラー音楽やファッションをつうじて悠々とまたぎ越していきます。

西洋文化、日本文化などといった「一つの内的なまとまりをもつ完結した文化」といった幻想を、わたしたちの皮膚感覚はこのようにどんどんはみ出ていきます。この意味で、ファッションとは、肌にもっとも近い場所で起こる——あるいはより正確には、わたしたちひとりひとりの存在の表面で起こる——異種交配《ハイブリディゼーション》の現象だと言えるでしょう。

世紀の転換期に、批評家たちがエキゾティシズムという脈絡で日本のきものの意匠を理解していたときに、それを、西欧のモードが、コルセットやバッスルに象徴される身体の不自然な拘束・変形や装飾過剰から脱皮し、身体をすきまなく梱包するパッケージのような服から、身にまとうフレクシブルな服へとその構造を変換していくその契機として受けとめることができたのは、文化解釈ではなく身体感覚でした。日本人デザイナーによる八〇年代の「黒の衝撃」を、保守的なモード評論家が「黄禍《おうか》」などと論じているときに、無彩色、無装飾、非対称、未完成、オーバーサイズなど西欧の服飾の文法を逸脱するようなそのデザイン行為を通して、モードという制度の《外》を意識しはじめたのも、デザイナーたちの皮膚感覚でした。

音楽、ダンス、衣服、建築など、身体のヴォリュームや運動と戯れるメディアは、皮膚の膜も言葉の壁もまるで存在しないかのように通り抜けていく、そのような浸透力をどこかもっているようです。

一枚の布——三宅一生の仕事

二人のデザイナーの問いかけたもの

ファッションという現象には二つの側面からアプローチできます。〈身体〉へのかかわりという面からと、〈流行〉現象という面からです。それぞれの文化のなかでひとびとはじぶんたちの身体の表面にどのようにかかわってきたかという問題と、もう一つ、現代社会ではどうしてあらゆるものが流行という社会的な時間の波のなかに呑み込まれてしまうのかという問題、この二つの視角から、これまでファッションという現象にアプローチしてきました。

ところで、戦後日本のファッション・デザイン、とりわけ七〇年代以降のデザインの世界には、眼をみはるものがあります。産業として成功したということももちろんあるでしょうが、それ以上に、人間たちがこれまで培ってきた世界の衣服文化というものに、とても本質的な一石を投じるようなデザイン行為がいくつか出てきたということです。現代日本のファッション・デザイナーたちが西洋の衣服の構成原理にたいしておこなった根源的な問いかけについては、前回、そのポイントをいくつか指摘しました。

そこで、ファッション・デザインをとおしての〈衣〉にたいするそうした問いかけを、日本を代表する二人のデザイナーの仕事に即して、より具体的に見ていくことにします。二人に絞るというのはなかなかむずかしいのですが、身体とのかかわり方、流行という現象にたいする距離のとり方という二つの面で、それぞれにきわめてラディカルな——過激であるとともに根底的であるという意味です——問いかけをおこなったデザイナー、三宅一生と川久保玲をとりあげたいと思います。

シンプルで意表をつくイッセイの服

三宅一生の服というと、ドンゴロスの袋のようなざっくりした天然素材の服であれ、また二十一世紀の定番として開発されたプリーツの服であれ、一目見て三宅一生の仕事とわかる服ばかりです。相当に個性的なひとが着ないと服に負けてしまいそうな、強烈なオリジナリティがあります。

かぶったとたんに動きたくなるようなジャンプスーツの奇妙なフォルム、左右上下の区別のない大作りの幾何学的なかたち、かぎりなく透明に近い皮膜のような素材、

三宅一生「鬼揚柳」1974年　写真＝横須賀功光

刺し子や阿波しじらを使ったかつての民衆の労働着のようなジャケット、ちょうちんのように上下に揺れるドレス、豚の尻尾がいっぱいぶら下がったような裾……三宅の服はこのように、シンプルで、かつ意表をつき、しかもいつもどこかユーモラスな雰囲気を伝えるようなものが多いようです。服にこんなことも可能なのかと、ひとを驚かせるようなアイデアが次から次へと出てきます。

三宅一生の服にはまた、いまにも衣擦《きぬず》れの音が聞こえてきそうな気配があります。バサバサ、パタパタ、ザワザワ、フワフワ、スッスッ……まるで紙風船のような佇《たたず》まいです。そういう布の気配をとおして、知らぬまに抑えこまれ、萎縮させられていた身体をもう一度揺さぶり、開放するよう挑発するところがあります。抑えこまれていた身体の沈黙の声、あるいは身体の見えない疼きに、深く耳を澄ませようとするところがあります。

これらの服づくりをとおしてめざしてきたものを、三宅自身はかつて《一枚の布》というコンセプトで表現したことがあります。一枚の布を身にまとうという、「着る」ことのもっとも単純で根源的な場面に立ち返るものとして、じぶんのデザイン行為を提示したわけです。ひとはなぜ〈衣〉を身にまとうのかという問いを、服そのもので問おうというわけです。

身体を開放し外へ引き出すデザイン

わたしたちの存在を窒息させるもの、あるいは包囲してくるもの、そうしたものにたいする無謀ともいえるほど激しい抵抗、それが三宅一生の仕事をつらぬく精神であると思われます。その意味ではかれもまた時代の子でした。

三宅が服作りをはじめた六〇年代の中頃というのは、ちょうど知性に対して情念や感覚を、合理的な思考に対して野性的な思考をポジティヴに対置する思想、人間の身体をボディ（＝物体）に還元するのではなくて生きられた身体性とでもいうべきものを、むしろわたしたちの存在の核に取り戻そうとする思想が、浮上してきた時代でもありました。テント演劇や暗黒舞踏、ダンスやパフォーマンスなどとならんで、だれよりも早くファッションという身体アートに着目し、そこに〈自由〉に向けて時代をもっとも深く切り裂くことのできる場を見いだしたのが、三宅一生だったのです。

身体をまるで物のように梱包（パッケージ）する服づくりの伝統、それへの三宅の抵抗は突出しています。身体の容器ないしはフレームとして身体表面をきっちり囲うような裁断・縫製の技法、そういう西欧の伝統的な衣服構成法を解体するという課題が、かれのデザインの根底にあるのです。そして、身体を包装するのではなくて、身体がまとい、その動きに応じて形を変えるという、身体と布とのもっとも基本的で可変的な関係、つまりは「着る」ことの原点にまで立ち返ることを、かれはみずからの衣服制作のポリシーとしてきました。身体の表面にさまざまのモード記号を次から次へと増殖させるよりも、身体と布の根源的な関係のさまざまな可能性を探究するということにかれの関心は集中するのです。

パッケージとしての服に対応するのは、肉の塊としてのボディ、見られ品定めされるオブジェとしてのボディです。これに対抗するかたちで三宅がイメージする身体というのは、つねに運動している身体、だれかの存在そのものであるような身体であると言うことができるでしょう。そういう生きた身体と戯れながら、そのふるまいの伸びやかさを支え、開放する服を三宅は構想します。

「第二の皮膚」ともいうべきそうした服は、身体を服で密封するのではなく、むしろ身体と服のあいだに空気をたっぷり含み、動きやすいようにその間をむしろ生かすようなものでなければなりません。つまり、緩みとずれ、あるいはすきまが積極的に生かされた服です。いいかえると、着るひとが最終的なかたちを決めるような未完成な服です。大きなひとも小さなひとも、細いひともふくよかなひとも、その活動のしかたに応じてそれぞれに着こなす《一枚の布》というのが、基本コンセプトです。

このような三宅の服は、よく、「空気を孕んでいる」とも評されます。それは身体をぴちっと覆ったり、包み込んだり、締めつけたりするのではなく、衣服と身体のあいだにゆったりとした間隙《かんげき》（歯車のあそびのようなもの）を作りだします。衣服を身体に合わせるとか、身体を衣服に合わせるとかいった窮屈な関係が問題なのではありません。間《ま》を埋めないその服作りにおいて問題になるのは、そのような物質体としての身体ではなく、空間に宿り、跳ね、たゆたう波動としての身体、あるいは強度としての身体なのです。その波動、その強度を、服のなかに閉じ込めるのではなく、むしろ外へと引きだすような服を創ること、それが三宅のデザイン行為を貫通するポリシーだと言えます。

だから服を着せるマネキンにしても卵を容れるパックのようにほとんど透明な皮膜のような存在感しかないものであったり、のっぺらぼうな鳥のからだのようなもの、わら細工、針金細工のもの……と、肉の塊としての重たさを感じさせないものが多いわけです。三宅一生はこのように、わたしたち自身も忘れかけているような身体の野性的な存在にこそ、服をとおしてはたらきかけようとするのです。

このようにして、衣服を触媒にして、ひとはじぶん自身の身体的な存在と、まるではじめて出会ったひとと語らうかのように対話をはじめます。そしてさらに、じぶん以外のものにみずからをそっくりゆだねる歓びへとじぶんを開いていきます。三宅は、ひとが他者に対する遮蔽膜《しゃへい》として身につけてきたはずのものを、他者への開口部へと変換しようというのです。三宅のいう《一枚の布》というコンセプトには、最終的にはそういう意味が込められています。

三宅自身はこんなふうに語っています。「《あれっ、私の服だったかな》と振り向くことがある。その人なりに工夫して着こなしているのが好きだ。その時コミュニケーションが全うする」、と。

洋服の原理をゆるがす〈野性の衣服〉

三宅の服は格闘しないと着られない服だと言われることがあります。真四角、まんまる、逆ハート型、半月型、円柱とフォルムが奇抜だからではありません。あるいはまた、かれの服においては、その表面からあらゆる制度的な意味が解除されています。たとえば年齢、地位、容姿、国籍といったものを連想させるような契機が、その表面からすっかり消去されています。さらにまた、ウエスト・ラインの位置、スカートの丈、あるいは「女らしい」色調、「セクシーな」起伏……そうした属性とはおよそ異質な次元で、身体の探究が試みられています。だから一見すると、ひじょうに抽象的な衣服のように見えます。もっともそれは、どういうぐあいに着ていいのかわからないという理由によるのではありません。着るもののほうが、じぶんの存在からこわばりを解き、感覚のスウィッチを全開にする用意がないと、服に呑みこまれてしまいそうになるからこそ、かれの服は格闘しないと着られないと言われるわけです。

　かれはまさに身体と衣服の新しい地平を伐《き》りひらこうとしているのです。こうした三宅の冒険に、わたしは一つの言葉を捧げたいと思います。「美しさは内面からくるのではなく、肉体の深みからくる」という、フランスの作家ル・クレジオの言葉です。三宅の服はその意味で、現代における《野性の衣服》と呼べるかもしれません。《野性の衣服》だからといって、テクノロジーと無縁だというのではありません。プリーツといえば、いまでは三宅一生の仕事の代名詞のようになっていますが、素材に関しても、新しく開発された繊維や遠い記憶のなかから再発掘された素材（たとえば刺し子、阿波しじらなど）はいうまでもなく、和紙や油紙、メタリックな糸、ビニール、プラスティック、グラスファイバーからワイヤーまで、衣服として利用不可能な素材は存在しないとでも言わんばかりに、果敢に冒険を試みてきたのが三宅一生というひとなのです。

《野性》について述べたメルロ＝ポンティという哲学者につぎのような言葉がありま

す。「じぶん自身の文化のうちに取り込まれていないために、それによってかえって他の文化とも通じあえるような、みずからの野性の領域」というものです。三宅一生がデザインする服はまさにこのような領域にふれているからこそ、西洋の衣服の概念から大きくはみだす構造をもちながらも、普遍的な関心を呼ぶわけでしょう。矩形の平面になるような裁ち方——これはしまうとき、持ち運びするときに便利なきわめて機能的なかたちです——、フリーサイズ、アシンメトリー（非対称）、着方で変わるかたち、シャープな線のあわいが演出する切れのあるエロティシズム、そして別のものに代用できる風呂敷的な発想など、三宅の服は、きものの伝統やアジアの民族衣裳の発想に深く根を下ろしています。

が、それは、日本的な服、アジア的な服を西洋の服に対置しようとして編みだされたものではありません。むしろそういう対立を超えて、〈衣〉の普遍的な地平へ出ていこうとするデザインだと言ったほうがいいでしょう。三宅はそういう道を七〇年代、ファッション・デザインの世界に伐りひらいたわけです。ときはおりしも、西洋が生んだモードそのものがモードという制度の外へ出ようとしたときでした。そしてそれが、ボディとしての身体を密封し梱包するという原理とは異なった原理、あるいは美しさとか優雅さとかセクシーといった価値とは異なった価値への脱皮のきっかけを非西洋的な衣裳に求めたのは、必然的なことでした。

三宅一生というデザイナーの出現はこうして、二十世紀ファッションの一つの事件となりました。美大を卒業してから、単身フランスに渡り、ギィ・ラロッシュやジヴァンシーのアシスタント・デザイナーとして修業するさなか、パリの五月革命を眼に焼きつけたひとりの若者が、やがて世界のファッション・シーンを震撼させることになったのです。モード・ジャポネーズと呼ばれるアヴァンギャルドなデザイナーたちの道は、のちに続く川久保玲や山本耀司の仕事とともに、六〇年代末の激動の季節に拓《ひら》かれたのでした。

モードの永久革命——川久保玲の仕事

革命の予感

三宅一生は一九三八年の生まれです。そして次にご紹介する川久保玲は一九四二年の生まれです。〈衣〉へのかかわりにおいてかれらと並ぶ重要な仕事をしてきた山本耀司は一九四三年の生まれ。かれらが十代から二十代にかけて在籍していたのが、三宅が多摩美術大学、川久保と山本が慶應義塾大学の文学部と法学部というふうに、それぞれはじめからファッション・デザインの仕事を志していたわけではありませんでした。

かれらがファッション・デザインにかかわりだしたのは六〇年代という、きわめて政治的な季節でした。と同時に、戦後の世界文化のさまざまな局面でドラスティックに断層が走った時代でした。

だれもが闘争や反戦や自由や抵抗について大きな物語を語りだしているときに、かれらは衣服という、ある意味ではとても私的でマイナーな世界に眼を向けたのでした。

時代のどのような感触がかれらをファッションの世界に引き込んだのか、ちょっと不思議な感じがしますが、ミューズの神はどうも世界のだれもが予見すらしない時期に若き天才たちを呼びだすようです。八〇年代にまるで革命のように登場したファッションのその思想性は、六〇年代に仕込まれたのです。

〈個〉としての生き方を支える服

一つの証言からはじめましょう。

山本耀司とともに川久保玲がパリ・デビューしたとき、かれらのもち込んだ服は「黒の衝撃」と呼ばれました。色のバランスとかフォルムの冒険などデザインの歓びとなるものを一切みずからに禁じ、黒一色の、それも穴やほつれだらけの服を提示した、その姿勢は大きな衝撃を与えました。その川久保の服を愛し、年がら年じゅう、黒い服ばかり着ていた若い女性に、わたしの友人がこう尋ねたことがあります。「どうして黒ばかり着るの?」。するとその女性は、「これ着ていると、男の子が言い寄ってこなくていいの」と答えたそうです。

川久保玲の作る服について、ある三十代の女性が次のように語るのを聞いたこともあります。

「じぶんが川久保玲の服に出会った八〇年代のはじめというのは、デパートに行っても洋服屋さんに行っても、エレガントでしとやかな服もセクシーな服も着たくなく、お嬢さんらしい清楚な服もカワイイ服も蓮っ葉のイカレタ服も着たくないじぶんのような人間が、これ着たいな、と自然に言える服など、(両手を広げて)これくらいのうち(両手を触れるばかりに合わせて)これくらいしかなかった。そのなかに川久保玲の服があった」と言うのです。それは女性にとって、女としても娘としても少女としてもじぶんを意識しないで、ただのじぶんでいられる服だったと言うのでした。

　川久保玲の服は、いわゆる上等の服、きれいな服、セクシーな服とはぜんぜん違います。イメージとしては、ある意味でこれらの対極にある服です。つまり、つぎはぎやほつれがめだったり、だぶだぶだったりしわくちゃだったり、労働着か黒い喪服のような服だったり、色気のない無愛想な服だったりと、かなりつっぱった服です。しかも、素材にも相当な工夫をしているので、値も張ります。にもかかわらず、女性たちにこれほど支持されてきたのはどうしてでしょうか。女性たちに、食べるものに不自由してもこれを着てたらしっかりと生きていける、とまで言わせる秘密はどこにあるのでしょうか。

　品定めするようなねっとりとした異性の視線の包囲を押し返して、あるいは異性の

コム デ ギャルソン '82-'83 秋冬コレクション
写真＝Peter Lindbergh

まなざしの対象としてじぶんの外見をあらかじめチェックするような自己意識の惰性から解き放たれて、女性がじぶんの存在感覚を、あるいはセクシュアリティの意識をそのままに表現できるような回路を開いてくれる服、あるいは女性というよりひとりの〈個〉として地をしっかりと踏みしめて歩けるような生き方を支えてくれる服……川久保の作る服は、どうもそのような服として若い女性たちに受けとめられてきたようです。

ノーメイクの女性と顰蹙《ひんしゅく》もののメイクをする女性のその両方に、「口紅を唇につけなければならない理由なんてない」という応援のメッセージを送りつづけてきた川久保玲、そして「にこにこしないで、踊らないで、ただふつうに道を歩くように歩くこと」をモデルに要求してきた川久保玲、そんな彼女の服は、女性たちを「人形」であることから解き放つ服として受け入れられました。そして、その声は男性にも届きました。アイロンがかかっていなくていい、サイズが合っていなくていい、しわくちゃでもいい、「男らしく」なくていい、胸を張って生きなくてもいい、もっとふてくされても、もっと跳ねてもいい……そんな声となってずしんと響いたのでした。

「ギャルソンヌ」というポリシー

ここでひとりの先達として思いだされるのが、ココ・シャネルの存在です。シャネルというと、いまでは超高級ブランド品の代名詞のような存在ですが、デザイナーとしての彼女自身には、「ファッションの女王」という名より「闘士」の名のほうがふさわしいと思われます。ココが抵抗したもの、それはなによりも男性社会の装飾品としての女性の伝統的なイメージでした。ふくよかでまろやかな女性のイメージ、女性のいわば受動的な存在から、異性の視線を経由しないでみずから感じ、考え、活動する、そういう自立した存在へと移行する過程を、ココは服で支えようとしたのでした。

そのためにココは、優雅（エレガント）、豪奢（ゴージャス）、華美（きらびやか）といった価値に対し、飾り気のない簡素さ、もっとはっきり言えば、質素のうちにこそ、美に代わる価値を発見しようとしたのです。複雑な裁断や装飾もできるかぎり排し、スカート丈もミディにして、ひたすらシンプルで活動しやすい服、というポリシーを一貫して追求したのでした。

ココは、戦時中にいろんな事情が重なって引退してしまいますが、戦後まもなくクリスチャン・ディオールの《ニュー・ルック》が大いにもてはやされると、たっぷり布を使ったロングスカートにぎゅっと絞ったウエスト、それにハイヒールという、曲線的な女体のラインを強調するディオールのデザインを見て、女性たちをふたたび見られる存在、つまり男性社会の装飾品に戻してしまうような服にがまんがならなかったのでしょう、ふたたび活発な制作を開始しました。ファッションやお洒落といえば金をかけたドレスアップを意味した時代に、このドレスダウンの思想がいかに革新的なものであったか、想像するに難くありません。

シャネルのボーイッシュな服は、当時の活動的な女性の理想像と言うべき《ギャルソンヌ》をまさに体現したようなものでした。《ギャルソンヌ》というのは「ギャルソン」（男子）を女性形にした名詞で、「男の子のような女」という意味になります。一九二二年に刊行されたV・マルグリットの小説の題名になった言葉で、主人公の女性の奔放な生き方が、ショートカットの髪、薄化粧の顔、シャツやジャケットというボーイッシュなスタイルとぴったりマッチしたのです。川久保玲が主宰しているコム デ ギャルソン（男の子のように）というブランド名との因縁を感じます。シャネルの仕事と川久保の仕事はデザイン面ではほとんど影響関係はないでしょうが、女性という存在へのスタンスのとり方において共通したところがあり、その意味で川久保玲を七〇年代から九〇年代にかけてのもっとも偉大なフェミニストのひとりと呼びたいくらいです。

ココ・シャネル 1935 年　写真＝Man Ray
（文化学園大学図書館所蔵）

ついでに言っておけば、十九世紀ヨーロッパのヒステリーの身体、あるいは現代日本の拒食の身体というふうに、ときどきの社会の構造的な軋《きし》みは、しばしば女性の身体性に深く刻印されて、ネガティヴなかたちで現われることがあります。女性のデザイナーが、〈衣〉という、皮膚の表面の薄い被膜に込めるもの、それに無関心でいられない理由です。

モードよりも速くモードを駆けぬける

川久保の仕事の本領はしかし、そこにとどまりません。川久保は、衣服がこの社会でとる基本的な形態、つまりモードやファッションという現象を、もっとも深くで受けとめ、そしてそれに同時にもっとも深い抵抗をもしつづけてきたひとだと、わたしは思っています。

個人的な話になりますが、「おやじの世代は、壁や枠があってよかったね」と、息子に皮肉まじりに言われたことがあります。壁や枠への抵抗の形式もまた、すでにメニューとして含みこまれているような社会へのいらだち、何をしても社会を、そしてじぶんを構造的に揺るがすような出来事にはなりえず、すべてがその内部の出来事でしかありえないような閉塞感が、こんな言葉になって出たのかもしれません。

そういえば、パンク風の青年がレジの前で小学生とお行儀よく並んでいるコンビニエンス・ストアのコマーシャルがしばらく前にありました。何でもあるが、だからこそ決定的なものは何もない。そういう過剰であるがゆえのもどかしさ、ないしは閉塞感といったものが、いまの時代の空気のなかに深く浸透しているような気がするのです。モードなんて知らない、モードにのっかるなんてダサいという反モードも、いつのまにかモードの一シーンへと組み込まれているような社会へのいらだちです。

そういう閉塞感から逃れようとして、モードから下りるやり方の一つが「無印」ですが、この社会では「無印」もまた、というか「無印」こそひねくった最大のモードになりうることを川久保は知りつくしています。モードから下りるもう一つのやり方、つまりよれよれや貧相そのものを演出するドレスダウンのスタイル——かつてはヒッピーに、最近ならグランジに見られたようなポペリスム（貧乏主義）がそうした反価値の典型です——が、モードの一風景としてむしろモードをにぎわすことになるのも、川久保はおそらく知りつくしているでしょう。そしてモードを流行から離脱した価値、つまりアートへと昇華させるようなやり方が、これまたモードにより深くとり込まれることになるというアイロニカルな事実も、です。

ファッションにおいてリアルなのは、ゴージャスなブランド品だけでなく、「着やすい服」や「無印」も、ときには貧相やパンクも、さらにはモードなんて糞くらえというアンチ・モードすらも、流行《はや》りのモードになりうるという、消費社会の逆説的な事実です。ジャン・ボードリヤールという現代フランスの社会思想家は、高度消費社会のあり方を「あらゆる記号が相対的関係におかれるというモードの地獄」というふうに規定しました。

川久保の作る服には、そういう認識が深く縫い込まれているように思います。そこで、そういうモードの専制力と狡智と惰性に呑み込まれないために川久保がとった戦略は、モードよりも速くモードを駆けぬけるという、綱渡りのように困難な戦略でした。川久保のとったこの戦略は、アンチ・モードというセルフ・イメージにすら固執しないで、それを平然と脱ぎ捨てるという、徹底したものでした。自己を模倣するというのが、惰性の原型であることを熟知していたからです。彼女のデザイン行為がしばしば「絶対的なオリジナリティ」と評されるのも、おそらくそうした理由からです。そしてこれは、個人であれ企業体であれ、自己の同一性、持続性という名の惰性によりかかる主体すべてに対する警告でもあります。

制度を脱ぎ捨てるための永久革命

川久保玲といえば黒。それほど黒のイメージは強烈で、黒以外は認めないといった頑固なファンもいるようですが、半透明の布を重ね着するときの微妙な色の相乗効果や、玉虫色に変化する生地、深い緑や紺のビロード、赤と白の鮮烈なストライプなどの色使いもつねにひとを驚かせます。

その生地はすべてオリジナルで、製造は、岐阜に住むひとりの職人さんが一手に引き受けています。その職人さんが皺《しわ》が寄り、ほつれたままの、あるいは虫が食ったように穴の空いた布や、むら染めなどの個性的な生地を作るのです。現在、年間におよそ千種の新しい生地を開発しているといいます。しかも同じ生地は二度と使わない。そういう厳しすぎるほどの方針が生地作りという、ファッション・デザインの発端の部分からつらぬかれています。

そういうラディカリズムは、川久保のデザイン行為においては、モードという制度への批判そのものをみずからのデザインのなかに内蔵するというかたちで現われます。皺だらけ、穴あき、ほつれ、歪《ゆが》み、崩れ……そうした文法外し、というよりも文法破壊のなかで、川久保は服をそれが服でなくなる限界にまで引っぱっていく、とでも言えばいいのでしょうか。実際、つぎはぎだらけの服、シャツのかたちをしたスカート、腕の二倍くらいの長さの袖、裏返しの服、男女が逆になった服など、ためいきがでるほど破壊的で挑発的な服を見て、しり込みするひとも少なくありません。けれども、このような破壊と解体のはてにしみじみと漂いだす哀感、それにファンはやみつきになるようです。

それにしてもなぜ、破壊的な服なのでしょうか。なぜいつも、すべてを〈自分が構築してきたデザインのすべてを含めて〉〈零《ゼロ》〉の水準へと置き戻そうとするのでしょうか。

それはたぶん、わたしたちの身体の内部にまで縫い込まれた精神と感情の制度を脱ぎ捨てるためだと、言い切ってもいいでしょう。時代の流れに乗って、わたしたちの感受性と自己意識とを構成する〈物語〉を次々ととり換えて、再生産していく、そういうファッションのゲーム——この意味でファッションはヴァニティ・フェア、すなわち「虚栄の市」と呼ばれてきました——に異議を申し立てる、どこまでも異議を申し立てつづけるのが、川久保の姿勢なのです。

しかし、ファッション・デザインが個人の表面をひとつのイメージにまでまとめ上げるものである以上、先ほども少しふれたように、その異議申し立てはつきつめれば自己のデザイン行為にまで向けられねばならないはずです。じぶんのデザインがひとびとから得た共感への安住をこそ拒むものでなければなりません。つまり一種の永久革命です。実際、川久保ほどシーズンごとにイメージをいさぎよく全面変換するデザイナーはめずらしいのではないでしょうか。

時代の価値基準に向けられる〝棘〟

川久保のデザインには、標準とか基準、マジョリティとか適合といった観念や、真綿のようにやんわりと包み込んでわたしたちを窒息させるようなイメージにふれれば、とにかくまっさきにそれを引き裂かずにはいられないといった意地、ないしは反射神経のようなものが充満しています。

最近の、身体のいろんな部分が瘤《こぶ》のようにいびつに膨らんだ服など、ほんとうに背中がひやりと凍りつく感じがします。いびつな身体、それを「整ったプロポーション」「バランスのよいシルエット」のほうから「歪《いびつ》」として見るような《正常》の視線、そういうマジョリティの視線をおそらくもっとも苛立たせるコレクションがこのところ続いています。「標準体型」だとか「美しいプロポーション」といったわたしたちの身体意識の座標軸も、それじたいが生身をデフォルメして作られたイメージにすぎません。だったらこのいびつが美しくあっていけない理由があるか。川久保の服はいつも、そう挑発しているように見えるのです。

川久保のデザイン行為がモードの自己批評の試みでもあるということ、そのことが彼女が作る服の強度をなしています。その強靭さはおそらく、その批評が、流行という時代の表層現象によりもむしろ、時代のベーシックに向けられていることからくるのでしょう。たとえばだれもが無意識のうちに受け入れている時代の価値基準に、です。その棘《とげ》が、これまで多くの「良識的」な評論家たちをいらだたせてきました。けれどもその同じ理由が、現代の女性たちの身体的な無意識にその服を直結させるとともに、川久保の服に独特の「いさぎよさ」と深い思想性とを感じさせもしてきたにちがいありません。

からだが変わる

ドラスティックな六〇年代の波

戦後のファッション・シーンをずっとふりかえってみて、時代とともにこんなにもはげしく変わってきたのかとあらためて思いを深くするのは、身体の感覚と性の意識の変容です。

医療技術の驚くべき発達と高密度化は、健康や衛生への意識を高めるとともに、わたしたちの土着的な身体像を精密機械のような身体へのクールな意識へと置き換えていきました。また戦後社会ほど、性のイメージがこんなに短期間で激しく揺さぶられた時代は、他にはないのではないかと思われます。男女交際のあり方も、身体の露出度も、性行為についての考え方も、男性・女性のセクシュアリティのイメージも、結婚についての考えも、劇的に変化してきました。

身体はこれまで、わたしたちの文化のなかでしばしば〈問題〉として浮上してきました。表現の重要な対象となったり、関連商品がトレンドになったり、というぐあいにです。戦後の五十年をとっただけでも、身体への熱いまなざしは、大きな波のようにしてくりかえしわたしたちの意識をとりこにしてきました。戦後のコマーシャルなどを見ていると、同じ身体といっても、「肉体」「身体」「ボディ」「からだ」……と、時代によってしっくりくる表現語が変わってきたことからも、それはわかります。

最初のもっとも大きな波は、六〇年代にありました。管理社会への反抗、反戦、反体制の激しい運動、芸術の革命（とりわけ演劇や舞踏の分野）などにおいて、さまざまの反乱がまさに痙攣《けいれん》する暴力的な身体のかたちで表現されました。音楽における野外ライブの出現、ヒッピーとサイケデリックのファッション、セクシュアリティのイメージの大きな変換（とくに生理用ナプキンと男性の長髪の登場）とウーマン・リブ運動の立ち上げ、性関係への新しい意識（謝国権『性生活の知恵』の出版）……などなど、そのうねりはきわめてドラスティックなものでした。あらゆる生活領域、表現領域で大きな《パラダイム変換》が起ころうとしていたのです。そしてこの変換はほとんどのばあい、〈身体〉を蝶番《ちょうつがい》としていました。時代はまるで身体のまわりを動いているかのようでした。

「ボディ・モード」の八〇年代

次の大きな波は八〇年代にやってきます。六〇年代が「肉体」や「身体性」といったことばで、物体としてのボディに非物体的なものとしての身体（情念としての身体）を対置したのにたいし、八〇年代はどのような身体をさらにそれに対置したのでしょうか。

運動とかイメージとしての身体よりは、あるいは文化の土着性を引きずる身体よりは、もっと乾いた、物体《ボディ》としての身体のその物質性そのもの——フィジカリティとかマテリアリティ——への意識が前面に出てきたように思われます。健康ブームと重なるかたちでフィットネス・ブームが生まれ、エクササイズ中毒という現象まで生まれました。身体表面の浄化（清潔シンドローム、朝シャン・ブーム、デオドラント商品の爆発的ヒット）、身体内部の浄化（自然食品の流行、反ニコチン・反カフェインの意識）、そして世紀末のボディ・メイキング（ダイエットとドーピング）など、この時代も身体はとてもにぎやかでした。

そして、身体に濃《こま》やかに神経を使うようになればなるほど、じぶんの身体への不満も高まり、ますます精密なボディ・コントロールやボディ・デザインのためにお金とエネルギーをつぎ込むという、笑うに笑えない悪循環が起こってきました。

ファッションという社会の表層部分をとっても、身体のフィジカリティへの意識は、

DCブランド現象やディスコ・ブームと並行して、「ボディ・コンシャス」な服の流行となってあらわれました。ちなみにアズディン・アライアがこのデザイン・コンセプトに込めた本来の意味は、ボディ・ラインの出るセクシーな服というよりは、身体の造形的な構造と衣服のそれがきしみあうときのその微妙な緊張関係を楽しむという点にありました。

服だけではありません。「ボディ・モード」という言葉に表わされているように、モードのまなざしは身体そのものにも深く浸透していきました。「からだだって着替えることができる」というわけです。身体もまたコスチューム・プレイのような感覚でモード化されたのでした。流行《はや》りの身体、流行りの顔などという特集がファッション雑誌で組まれました。身体がどんどん記号化されていったのです。

この時代の身体モードのことを、わたしはかつて「フィジカル・フィットネス」という概念で表わしたことがあります。多くのひとたちがフィジカル・コントロール（身体の健康管理）に気を配り、フィジカル・エクササイズ（身体のトレーニング）に汗を流す、そうして引きしまった身体に、まるで肌にぴったり吸いつくようにフィットしたボディ・コンシャスの服を着る……。つまり健康、シェイプ・アップした身体、張りつくようにぴったり身体を覆うコスチュームという三重の意味で、フィットネスに注意が向けられたのだと思います。

ひとびとの関心はますますじぶんたちの物質的な存在条件へと向かい、ＣＴスキャンの透過した映像やバイオサイエンスにおける生命の操作可能性についての情報などによってもたらされるクールな身体像になじんでいったのです。

そしてそれに並行するようにして、身体表面のマテリアルな感触に感覚を密着させるフェティシズム的な感受性が、コマーシャルから日常のファッション・シーンにまで深く浸透していきました。

物質的な身体と見えない身体

では、この九〇年代はどうでしょうか。

わたしたち自身がいま生きている時代ですから、なかなか正確な遠近法がとれず、だからたしかなことはなかなか言えません。わたしの感触にすぎないのですが、身体の意識は医学的な視線と技術の対象としての物質的身体と、皮膚感覚によってとらえられる見えない身体の次元とに、大きく分極しだしているような気がしてなりません。

その一つの徴候として、「わたしの身体」というときの、その身体の人称性がなにかとても希薄になってきているような気がします。

先ほどのCTスキャンにしてもそうですが、身体の内部というのはわたしたちの意識にとってはほとんど外部です。それらの機構についてわたしたちはほとんど知ることはありません。体調が悪ければ、わたしたちはすぐに病院に走り、医師の診断を受ける。それはほとんどご託宣に近いものです。受けとめるしかない。身体の内部はもはやじぶんのものではないわけです。

それだけではありません。輸血や薬剤注入、体液検査に人工臓器、臓器移植に生殖技術、胎児診断や、(遺伝子操作によって新たに「製作」されたカキなど) 新種の多細胞生物の特許権申請といったぐあいに、わたしたちの身体と生命は、今日の医療技術の閉じられた世界のなかに、非人称的なものとしていよいよ深く挿入されつつあると言ってもよいでしょう。身体はいったいだれのものなのだろうか……そんな問いにひとは向き合わざるをえなくなったのです。

こうしたわりきれなさや深い喪失感は、身体を単体の物体《ボディ》としてイメージさせる戦略がわたしたちの社会で推進させられてきたこととも対応しています。医学だけでなく、広告イメージでもそうでした。また複数の身体の交換そのものであるセックスも、単体としての身体の性感帯の開発へと知らぬまにスライドさせられてきました。「じぶんの身体にもっと熱中しなさい」「あなたの身体のなかに愛の地図を発見しなさい」

といった言葉が、まるで強迫観念のように押しよせてきました。快感が個的な身体の特定部位の出来事としてとらえられ、個人はますます個々のプライヴェートな身体のなかへ閉じ込められるようになったのです。

じぶんの体臭や口臭を異様に気にしすぎるのも、他人の身体と接触することへの極度の不安からきているのかもしれません。そういえば、わたしたちは他人と手をつないで歩くという習慣を忘れかけています。

あるいは、身体はいま、戦後の身体史を総決算するような段階にきているのかもしれません。そうした環境のなかで、身体の意識は、ますます、身体の内部でも外部でもない、皮膚という両義的な部位に集中してきているように思えます。

身体イメージの構造変容のきざし

さて、わたしたちが戦後のファッション・デザイン史、そしてストリート・ファッション史を分析するときには、以上述べてきたような身体の歴史的な変容をそのコンテクストとして頭に入れておく必要があるでしょう。Aラインの流行からミニ・ブーム、ヒッピー・ブーム、パンクの出現をへて、ボディ・コンシャスな服の流行、そして近年における七〇年代ファッションの復活やアジアっぽい服の流行まで、ファッションはいつも時代の身体感覚と深く連動してきました。これがファッションという現象を解読するときのポイントの一つになります。

そのときに、ひじょうに参考になる考え方のモデルがあります。それはボードリヤールが提示しているもので、身体がそのなかでさまざまにイメージされる空間を枠どるために設定している四つのリミット、身体が身体でなくなるぎりぎりの四つの極限的なイメージです。

その四つとは、〈屍体《したい》〉、〈動物〉、〈機械〉、〈マヌカン〉です。〈屍体〉は生命が消失した身体です。〈動物〉は精神性を喪失した身体です。〈機械〉は具体的には労働機械として純化されたロボットをさします。〈マヌカン〉はマネキンやファッション・モデルのことです。これら四つの「否定的な理想型」を限界点として、それに囲まれた範囲のなかで、現在、わたしたちはみずからの身体をイメージするようになっているというのです。そしてこれらは、人間という存在の同一性（アイデンティティ）を枠どり、かたどるもっともベーシックな四つの意味の境界、つまり生／死、人間／獣、人間／機械、わたし（人称）／無名（非人称）という四契機にそれぞれ対応しています。

しかし、（社会学者の内田隆三がするどく指摘しているように）現在のＴＶコマーシャルを見ていますと、これらベーシックな意味の境界を溶かし、解体してしまうような

「境界廃棄のモード」が、イメージとしてどんどん増えてきています（内田隆三『テレビCMを読み解く』講談社現代新書、一九九七年）。類人猿、異星人、ゾンビ、ロボット、サイボーグ、アンドロイド、クローン、コンピュータ合成されたマリオネットなどです。ともあれ、現在の身体を考えるときに、人間の身体ともはや人間の身体とは言えないものとの境界、つまりは〈際《きわ》〉が問題化してきていることが見えてきます。ここに浮上してきているのは、まさに際《きわ》どい問題です。なぜなら、それは、わたしたちが世界を解釈するときのその枠組みや分類体系じたいをあいまいに、あるいは不安定にしてしまうからです。もはや人間でも機械でもないもの、人間でも獣でもないもの、生きても死んでもいないもの、男性でも女性でもないもの……これらはみな、同一性の枠を壊してしまうのですから、際どいもの、危ないものです。そしてそれらが、きわめて象徴的なかたちで時代の表層にせり上がってきたのが現代ではないかと思うのです。世界との関係のきしみ、それが皮膚感覚のレヴェルで〈際〉のトラブルとしてエスカレートしてきているのではないかというのが、わたしのいまの読みです。

そこでつぎに、ボードリヤールのこのモデルも参考にしながら、現在の身体性が加速させつつあるもう一つの次元、皮膚感覚によってとらえられる見えない身体性の次元を考察してみることにしましょう。

テクスチュア感覚

皮膚感覚レベルで身体を感受する

最近、シルエットよりも生地で服を選ぶというひとが増えてきているようです。衣の表、つまりは色や形ではなく、肌に密着する衣の裏のその見えないきめ、つまりはテクスチュアのほうに、より深く感応するようになっているらしいのです。とくに新素材の、きらきら、つるつるした濃《こま》やかな風合いを好むようになっているとも聞きます。

かと思えば、少し前にはシャツやスカートをわざわざ裏返して着るようなデザインのものが流行《はや》りました。エナメルやビニールのような、肌にひっかかるような質感が好まれたり、肌と上着のあいだの滑りをよくするスリップのような緩衝用の下着がどんどん減る傾向にあったりと、女性たちは、皮膚への柔らかで微細な刺激をではなく、逆に、ひっかかるようなきつい刺激を求めているようにも見えます。

これは、皮膚という袋に包まれたものとして身体を表現することが、もはやリアリティをもたなくなっているということなのかもしれません。マーシャル・マクルーハンが「頭骨の外に大脳があり、皮膚の外に神経がある」ような社会としてイメージしたようなメディア社会では、身体感覚というものが都市の神経組織のなかに微細に溶けだしていて、身体を皮膚に包まれた単体のボディとしてとらえるだけではどうも不十分になっているようです。都市の広告映像のなか、インターネットの映像のなか、ヴィデオやテレビゲームの映像のなかに、まるでわたしたちの身体がどろどろ溶けだしているかのようです。

ひとはみずからの身体的な存在を、たんにイメージとしてではなく、皮膚感覚のレヴェルで、より深く感受しようとしているのかもしれません。筋肉でも神経でもなく、皮膚のアナロジーで、いいかえるとテクスチュア（きめや風合い）のモデルで、みずからの身体をイメージしはじめているということでしょうか。そしてこうしたテクスチュアの冒険は、新合繊などに見られるテクノロジカルな進化によって強力にバックアップされています。

いまも名前をあげたマクルーハンは、衣服を皮膚の拡張としてとらえるべきなのは、それが皮膚と同じように熱制御機構として機能するからだけでなく、ひとがじぶんがだれであるかを社会のなかで記号的に表示する「社会の皮膚」でもあるからだと言っていきます。その衣服がしかし、一九六〇年代を一つの境として、視覚的なものではなく、「彫刻的で触覚的なもの」を強調するようになりはじめたと、マクルーハンは指摘して次のように書いています。三十年も前のことです。

全身を衣服で覆った時代、すなわち、全身が画一的な視覚的空間に収められた時代を経て、今日の電気時代に、われわれは、われわれの肉体のすべての表皮によって、生き、呼吸し、聴くような世界に出てきたのである。

(『人間拡張の原理　メディアの理解』後藤和彦・高儀進訳、竹内書店、一九六七年)

それまでファッションは、人間の身体を衣服ですっぽり被い、それを視覚空間のなかで外側から眺め、シルエットとしてデザインしてきました。

その後三十年ほどのあいだに、ファッションの世界では、マクルーハンの予言どおりに《皮膚論的な転回》とでも呼べそうな現象が進行してきました。六〇年代中葉といえばミニ・スカート。かれの言葉は、ミニをはきだした当時の若い女性たちの皮膚感覚とみごとなまでに対応していました。

〈わたしたちの時代がきた〉という感じ。あれはおとなの真似ではなかった。……大股で歩くようになった。マリー・クワントがパンティ・ストッキングをはじめて出して、おかげでガードルがなくなった。コルセットも消え、ほとんどノーブラ。胸が小さくないと似合わないファッションになった。スカートもヒップハンガーではくから、腰のあたりがまっすぐなほうがかっこいい。ここで、おとなの女に歴然とあったバスト信仰、曲線美信仰が一気にくずれたんです。

――ファッション・ライター、川本恵子さんの発言

(水牛くらぶ編『モノ誕生「いまの生活」1960―1990』晶文社、一九九〇年)

女性というセクシュアリティに押しつけられた固定イメージから解放される爽快さをまずこの文章から感じますが、同時に「大股で歩く」とか「ほとんどノーブラ」といった言葉からは、軽くて風とおしがよくて肌にまとわりつかないスカートの、皮膚で感じる心地よさが伝わってきます。

先ほどもちらっとふれたように、八〇年代のボディ・コンシャスやスキン・コンシャスというファッション・コンセプトは、きゅっきゅっと音がしそうなエナメルやひんやりした合繊素材の、皮膚を刺激するアイテムを浮上させたし、九〇年代に入って、

服の選択基準をシルエットではなく素材感や装着感に求める女性たちが増えています。ポケベルが、プルルルと震える、その振動を肌でじかに受けとめる感じとか、パソコンに字を手で書き入れたり、マウスのかわりにボードを指先でじかに撫《な》でてポインターを移動させる感じ、あるいは、友だちのコンパクト・カメラに頰をすっと撫でられる感じ……そんな頰をそっと撫でるような微細な触感が、どうも好まれるようです。サブカルチャー・シーンでのイメージとして言えば、アニメの触感、プラスティックの洗濯バサミやセロファンの包装紙、人工的に着色されたボンボン（飴）の感触、コスプレ用衣裳のビニールっぽいひっかかるような触感。

ファッション感覚と言われるものも、どうもそのような地平へと転位しだしているような気がしてなりません。でもこれはいったいどういう現象なのでしょうか。

テクスチュアへの関心と皮膚感覚

衣服はしばしば第二の皮膚だとか、皮膚の延長だとか言われてきました。が、それはもはや比喩ではありません。菌の繁殖を抑えることで汗臭さの発生を防ぐ加工、あるいは抗アトピー性素材、ダニの侵入を防ぐ綿密な組織、環境の変化に応じて汗の蒸発量や体温を精密に制御する繊維など、最新の素材開発の技術には目をみはるものが

ひびのこづえ「Bonaparte」1995年　写真＝与田弘志

あります。それどころか、色を蓄えて発光させる繊維、体温や外界の温度に応じて色を変える繊維など、着る人のそのときどきの気分と微細に影響しあう素材も作りだされています。ファッションの素材開発も、ますます皮膚としての衣服に焦点をあわせているようにすら見えます。

わたしたちは、極細の繊維がもつ羽毛のようなやさしい触感や絹より滑りのいい装着感にうっとりすることもありますが、しかし、エナメルのひやりとした感触やラテックスのぬめった感触を心地よく感じもします。皮膚への刺激を求めて、わざわざひきつるような、あるいはちくちくするような刺激を求めることもあります。すでに見たように、ボディ・コンシャスな服が八〇年代に登場したときは、身体のラインを浮き彫りにするセクシーな服といったイメージでとらえましたが、それはじつは服と皮膚のそれぞれの組織が微妙にきしみあう、その感触を楽しむ服だったのではないでしょうか。

生地のテクスチュアへの微細ともいえる関心は、たとえば最近の超極細のハイテク繊維の開発にも見られます。天然繊維のなかでもっとも細い絹のさらに一〇〇分の一の細さの超極細繊維を毛ばだててできたピーチスキンなど、ひとびとはいまそれまでの人類が知らなかった未知の人工的なテクスチュアをたのしみつつあります。

こういう感覚は、いまでは食品の表面にまで及んでいます。ハイドロコロイド（水溶性高分子）の調合によって、とろみ、ぱりっ、さくっ、しゃきっ、ぬるぬる、べたべた、つるつる、さらさら、ふわふわ、張りがある、腰がある……といった食べ物の触感が演出されるのです。ティラミス、ナタデココ、コンニャクゼリーなどといった流行の食品が、とくにこのかんだときの触感に工夫をこらしていました。

こうした口あたり、歯ごたえ、舌ざわり、喉《のど》ごしといったテクスチュアの表現はまた、そのまま肌ざわりや着ごこちの表現としても用いられるものが多いのです。

人間の身体はよく、口と肛門を両端とするチューブにたとえられます。そこで、チューブの外壁で起こる皮膚感覚が肌ざわりだとすれば、内壁で起こる皮膚感覚が口あたりになります。ともに表面のテクスチュアとしては共通するところにある感覚だと言えるのではないでしょうか。

ひとの生命は、温度や音響や震動を全身で感受することからはじまります。〈わたし〉の誕生よりも先に、母胎内でです。誕生後も、肌が荒れたり、鳥肌が立ったり、じんましんが出たり、血が滲《にじ》むほどかきむしったりと、わたしたちと世界との関係のトラブルは、しばしば皮膚に出るものです。皮膚が現実を感受するそのような深い装置だとすれば、第二の皮膚ともいうべき新素材は、身体の底に淀む前意識的な記憶や忘れられた野性とも不意に結びついて、世界そのもののテクスチュアを変容してしまう可能性があるように思われます。

清潔症候群と、自己同一性の衰弱

物のテクスチュア（きめ）への感覚が微細になっているというのは、しかしよろこんでばかりいられる現象ではありません。皮膚感覚の、ある意味ではネガティヴな反応もまた、わたしたちの社会に確実に浮上してきています。

皮膚感覚というのは、感覚のなかでもとりわけプリミティヴなものです。皮膚感覚は、それじたいがわたしたちの存在であると言いうるほどにわたしたちの存在に密着しています。だからコントロールしにくいものです。いいかえると、皮膚は、〈わたし〉と〈わたしでないもの〉とを分かつもっともベーシックな境界面でもあり、だからそこには身体の無意識といったものがストレートに表出されることになるのです。

その皮膚が、この十年ほどのあいだ、強迫的ともいえる一つの観念に覆われてきたような気がします。〈清潔〉という観念です。それを裏づけるかのようにボディ・シャンプーやデオドラント製品などのいわゆるエチケット商品も、急速に売上を伸ばしてきており、それがやがて、さらさら、すっきり、すべすべといういわゆる３Ｓという標語を生みだしました。

清潔とは、要するに汚染度ゼロということです。つまり混じりけのない状態。その意味で、清潔は「純粋」や「無臭」といった観念と連動しています。清潔という強迫観念は、「純愛」症候群や口腔神経症といった現象とたぶん無縁ではないのです。清潔と言うとすぐに身体の衛生学的な状態が思い浮かびますが、ほんとうは他の人間とのかかわりという次元のほうが問題なのだと思います。

じぶんというものを他者から徹底して隔離しておこうという意識、そこには〈わたし〉というものの同一性の衰弱が映しだされているように見えます。わたしはいつ、どこにいても「このわたし」であるということをつねに感じていられるように、自他の境界を揺るぎのないかたちで確認しておこうとしても、その免疫力が弱いところでは、じぶん以外のものを消去し、無化するという仕方で自己のバリアを防御するしか手がありません。「純粋」とは、混じりけのないこと、つまりは異質なものが存在しないということです。つまり、異物をたえず摘発しつづけないではじぶんを保持できないような状態のことなのです。

そうした純粋さを、わたしたちは（とりわけ〈わたし〉が弱いところでは）即物的に実現しようとします。異質なものを一種のウイルスとしてとらえ、身体の内部から、身体の表面から、そして身体の周辺環境から、そうした毒性をもった存在を徹底的に排除していこうとするわけです。清潔症候群と呼ばれる現象も、そういう心性に根ざしているのではないかと思います。

こういう解釈に対しては、逆の意見もありえます。自己のアイデンティティが衰弱したときに、ひとはじぶんの存在が他者に包み込まれることによってアイデンティティの問題そのものが回避されるように仕組むのだ、という解釈です。だから、自己と他者との境界面である皮膚を、いつも無色無臭の透明なものにしておくことで、どんな他人にも染まりうる無限定の存在であろうとするというわけです。

しかし「お肌の手入れ」に夢中になっているデオドラント少年・少女たちは、（いまではデオドラント中年もめずらしくなくなっていますが）ほんとうに「自己」の存在の表面を気にしていたのでしょうか。身体表面の感触を探求し反芻《はんすう》するなかで、ほんとうにそのような自己幻想と戯れていたのでしょうか。逆に、そういう幻想とは無関係なところで、何に属するものでもないむきだしの界面そのものに触れることによって、むしろそういう幻想から切れようとしていたのではないかと、最近思いはじめています。

こういう関係不安や接触恐怖が充満している都市生活の位相を、建築家の伊東豊雄が「サラン・ラップ・シティ」と、たいへんうまく命名しています。スーパーやコンビニでは、肉も野菜も、パンも日用品も、表面がみな同じテクスチュアになっている。あらゆるものが、この透明な極薄の皮膜一枚によって生々しい質感を奪われ、商品という抽象的な記号に還元されているのです。商品だけでなく人間関係そのものが透明ラップごしにしか起こりにくくなっている都市の現在を、伊東はだからそのように形容したのでした。

社会の皮膚のトラブル

とはいえ、これを単純に、触感の哀しいばかりの均質化、一元化と嘆くのは性急すぎるでしょう。透明な皮膜ごしにしか関係が起こらないということは、じかに触れさえしなければ、どんなテクスチュアだって等価に受けとれるということでもあります。ホラー映画ファンとか、寄生虫博物館に群れるひとなど、血糊や内臓のべとべとした触感を、あるいは爬虫類や微生物やエナメルの表面の無機的な触感を、キレイ、カワイーと感じる人も出てくるわけです。

おそらくこれは、見るものと見られるものを隔て、聴くものと聴かれるものとを隔て、両者のあいだに関係が起こることを徹底して回避してきた視覚中心社会への反動という面がどこかあるのでしょう。鑑賞型のアートから参加型ないしは双方向のアートへ、コンサート・ホールでの鑑賞から野外のドライヴ、環境音楽、サウンド・スケープへといった、アート・シーンの動きもそれと無関係ではないでしょう。

ファッションがわたしたちの身体表面の一種のバイブレーションだとしたら、衣服のデザインはそのまま感覚の表面としての皮膚のデザインであると同時に、世界の、そして時代のリアリティの感触のデザインでもあることになります。そういう皮膚のざわめきをファッションはデザインしようとするのです。

わたしたちの存在がなにか圧迫や閉塞、軋轢《あつれき》などへと追いつめられたとき、皮膚がまずパニックを起こす。鳥肌をたてたり、荒れやじんましん、できものやかさぶたができたり……。じっさい、精神を病んだ患者には、じぶんの身体が穴だらけになっている、いたるところで破けていると訴えるひとが少なからずいると言われます。ファッションもまたそれと同じ意味で、社会の皮膚のトラブルとして解釈できる面があるのです。

皮膚が可変的な状態に置かれはじめた……

ファッションは、わたしたちのリアリティ感覚が置かれている現在の様態《モード》にとても敏感です。たとえば、すでにご紹介したデザイナーの川久保玲は八〇年代のはじめ、パリでの最初のコレクションに、生地がそこらじゅうで破れ、ほつれている真っ黒の「ボロ服」を出しました。川久保玲は、この時代に深く傷ついているひとの皮膚をイメージすることから、服を作りはじめたのでしょう。変身とかセルフ・イメージの演出などといった言葉が空疎に聞こえるくらいに、のっぴきならない状況、追いつめられた時代の身体から出発したと言えます。

あるいは、ほぼ同じころアズディン・アライアが提案したボディ・コンシャスというコンセプト。これもすでに述べたように、ボディと衣服という、二つの異質な造形的構造が人間の皮膚のうえでたがいにきしみあう、その微細な皮膚感覚をあやしくざわめかせるものとして、とてもハイテイストな感覚の服でした。それは少なくとも、（しばしば誤解されているように）ボディ・ラインをぎりぎりに見せるセクシーな服というのではありませんでした。

あるいは、運動する身体にこだわってきた三宅一生。かれは、身体の運動を残響させるような衣服の構造や、そのいわば継ぎ目ともいうべき衣服と皮膚のあいだの空気――これを「衣服内気候」と呼ぶひともいる――をデザインしようとしました。

そして九〇年代、多くのひとたちがきらきらとした濃《こま》やかな光沢のある服をまとうようになりました。それはブラウン管のなかで明滅する現代人の〈像〉としての身体、光につらぬかれた電子の像としての身体につながるようなボディ・イメージを浮き立たせます。まるで都市全体がブラウン管のなかに入ったように、です。

そしてその反動かもしれませんが、逆に生々しい触覚にうったえてくるような生地や触感にも、わたしたちは魅《ひ》かれだしています。内臓のようなぬめったテクスチュアや、ラテックスやエナメルのひっかかりのある密着性、あるいはルチアーノ・ベネトンと写真家オリビエロ・トスカーニの挑発的な広告映像がつきつける血糊、廃油、胎脂、コンドームのぬるぬるしたテクスチュア……。

おもしろい事実もあります。現代の衣服はインナーとアウターの差がなくなってきています。そしてインナー／アウター、プライヴェート／パブリックといった「身体の物語」からしだいに離れて——そういえばこの夏はランジェリーをそのままアウターとして重ね着するようなドレスがめだちました——、皮膚感覚に微細に訴えるような服が求められるようになっています。下着がどんどんなくなっていく傾向にあるのです。が、そうすればするだけ、皮肉にもかつて下着製作に投入されたノウハウが生かされることになります。絹のような肌ざわりとかストレッチ素材のもつ伸縮性など、触感に意識を集中してきたのが下着デザインです。〈第二の皮膚〉という服の定義にかぎりなく近接するにちがいない近未来の服は、下着産業とスポーツウェア産業がこれまで蓄積してきた技術によって支えられることになるはずです。

皮膚はいま、ひょっとしたらすごく可変的な状態に置かれはじめたのかもしれません。ハイテク素材と皮膚の想像力が交差するなかで、わたしたちのなかにあって〈わたし〉よりも古いわたし、あるいはわたしたち自身の野性が、うごめきだしているようなのです。現在のファッション・デザイン、そのもっとも鋭敏な部分は、衣服のうちには視覚的なシルエットよりも、あるいはその記号性よりも、もっと深い意味をもったものがあるらしいことを、そしてこれからのデザイン行為がそれをめがけるであろうことを、予感させます。

ファッション、メディア、アート

アグレッシヴなファッション・フォト

ひとがじぶんの外見、つまりじぶんのセルフ・イメージを視覚的に思い描くときのそのモデルを、ファッション雑誌などをとおして提示し、流通させるのがモードだとすると、ファッション写真というのは、そういうモードを構築するもっとも基本的なメディアだと言うことができます。それ以外にも、映画とかテレビのコマーシャル映像だとかポピュラー音楽のヴィデオ・クリップなどでも、スターやアイドルたちがいろいろなイメージを表現していて、それをモデルに、ひとは「この秋はどんなスタイルにしようかな」とファッション雑誌をめくり、ブティックをまわるわけです。

そういう意味では、ファッション写真は時代の印画紙になっていると言えそうです。とくに七〇年代以降は、ファッション写真においては、服を撮るというよりも、あるいは時代の空気（感受性のモード）をなぞるというよりも、それに激しい揺さぶりをかけるようなイメージがどんどん出てきて、このジャンルからまったく眼が離せなくなってきました。

ヘルムート・ニュートン、ピーター・リンドバーク、ハーブ・リッツ、スティーヴン・メイゼルといったフォトグラファーたちが、従来の、見るひと＝男性、見られるひと＝女性という視線の政治学をずたずたにするようなかたちでアグレッシヴな映像を展開しました。男が女を見るのでもなければ女が男を見るのでもなく、男が男を見るのでもなければ女が女を見るのでもない、未知の性的イメージを、かれらはひとびとに突きつけました。かれらの写真のなかには、かつてのファッション写真が漂わせていた穏やかな美的充足感は乏しく、むしろ、ビューティフルとかシックとかエレガントといった調和的な価値をずたずたに切り裂くような暴力性があります。世界への感受性、時代のセクシュアリティの意識や身体感覚を深層から揺さぶるような作品の数々が、わたしたちの視線を、言ってみれば金縛りにしました。

パフォーマンス・アートとデザイン

さて、ここでわたしがとくに注目したいのは、ファッション・デザインが現在のアート・シーンと接触したり交差したりするときの、その位相です。というのも、ファッション・デザインという仕事は、これまでクラフトとして、あるいはせいぜいアートの周辺領域として語られるのがつねでしたが、アートという観念の動揺、ないしは溶解(?)と並行するかたちで、ファッションとアートの関係にも大きな変容が生じてきたからです。

一つはパフォーマンス・アートとの関連です。パフォーマンス・アートというのは、いうまでもなく身体の運動を核にした芸術のことです。ダンスや舞踏や演劇がその代表的なものです。そこでその一つとして、いま、ダンスとファッション・デザインの関係をとりあげてみたいのですが、それは両者がともに人間の〈身体性〉というものの解釈に深くかかわるものだからです。

ダンスと衣裳、とりわけダンスとファッション・デザインとの関係については、たしかに、ディアギレフのバレエ・リュスの舞台衣裳を手がけたシャネルの時代にまでさかのぼる必要があるでしょう。

戦後ならローラン・プティとイヴ・サンローラン、マヤ・プリセツカヤとピエール・カルダン、ウラジーミル・ワシーリエフとニナ・リッチ、ミハイル・バリシニコフとクリスチャン・ラクロア、モーリス・ベジャールやウィリアム・フォーサイスとジャンニ・ヴェルサーチのコラボレーションなどを外すことはできません。そして川久保玲。彼女は一九九八年、人体を凹凸に見せる風変わりな衣裳でマース・カニングハムとコラボレーションを組みました。

またこれはダンスではありませんが、九〇年代に入ってのハイナー・ミュラーと山本耀司のコラボレーションによるワグナーのオペラも、その大胆な衣裳演出で大きな話題を呼びました。

ここでわたしが注目したいのは、演出家とファッション・デザイナーのこうした共同作業のすべてではありません。

ダンスにおける衣裳制作は、多くのばあい、踊り手の「役柄」を表現するものです。しかしわたしが関心を惹かれるのは、そのようななにかを表現する記号としての身体のあり方ではなくて、身体としての人間の存在そのものを問いなおすようなファッション・デザインが、物語性とか演劇性を削ぎ落としたダンス（つまり、意味と連繫《れんけい》しない身体の運動）と交差する、その位相です。

〈ヴォリューム〉・〈運動〉・〈強度〉としての身体

一例として、九〇年代に入って幾度か試みられた、ウィリアム・フォーサイスが率いるフランクフルト・バレエ団と三宅一生のコラボレーションをとりあげてみましょう。「一枚の布」から「ツイスト」まで、三宅が手を変え品を変え、もがくようにして探究してきたのが、物体《ボディ》としての身体ではなく、運動する身体、さまざまな感覚が生成する場としての身体だったことは、すでに見たとおりです。そこでは、衣服の幾何学的な形態と皮膚のあいだのわずかなすきまのうちに〈ヴォリューム〉としての身体を開放したり、あるいは布の伸縮自在の表面に〈運動〉としての身体の震えを残響させたりというふうに、つねに物質体としてではなく《強度》として存在するような身体を、布とのかかわりのなかで浮上させようとしたのでした。

そこでは、透明の見えないカプセルで密封されたかのような単体の身体ではなく、他者の身体との深い交わりのなかにある身体——会話する複数の身体が、いかに微細に他の身体と連繫しつつ動いているかを想像してみてください——が、まるで奥にしまいこまれた記憶をとり戻すかのようにじわりじわり焙《あぶ》りだされてくるのでした。その衣服をわたしたちは《野性の衣服》と呼びました。そしてそのために、〈テクスタイル・デザイナーの皆川魔鬼子《まきこ》が中心になって〉ハイテクを駆使した布のかぎりない軽量化と未知のテクスチュアの開発とが果敢に模索されたのです。

こうした三宅の作業が、身体の文法外しともいうべきポスト・モダンバレエのさまざまな試みに接近していったのは、いわば必然的な過程であったと思われます。身体に、バレエの文法やふだんのふるまいの文法には収斂《しゅうれん》しない、ぎくしゃくとした不自

ウィリアム・フォーサイス&フランクフルト・バレエ団『THE LOSS OF SMALL DETAIL』衣裳＝三宅一生　写真＝©小川峻毅

然な運動を強いるバレエが、そういう身体運動のスピーディな変換のなかで探究してきたのが、まさに物質体としての身体ではなく〈ヴォリューム〉・〈運動〉・〈強度〉としての身体だったのです。

現代バレエと三宅一生のファッション・デザインとは、このように一種の身体論として交差したのです。ファッション・デザインはそのために、静止した身体オブジェではなく運動する身体にモデルを求めたわけだし、逆にバレエのほうも、その運動が日常のふるまいから外れていくかぎりで、記号性を解除した抽象的な服、しかも超絶的な運動を可能にするような軽量のまといつかぬ服を求めていったのでした。

身体状況論とアートの交差

ひとがじぶんの外見、つまりじぶんのセルフ・イメージを視覚空間のなかで思い描くときのそのモデルを、ファッション雑誌などをとおして提示し、流通させるのがモードだと言いました。これは、わたしたちがじぶん自身がどういう人間かをイメージするときに、たいていのひとがモードによって指定されたモデルどおりにしかイメージしにくいということです。それによって、わたしたちはいつも一定の指定された仕方で「見られるじぶん」に関心をもつことを強いられるわけです。

それぱかりではありません。多くの女性週刊誌が煽《あお》ってきたように、現代の女性たちは、もっとスリムになることを、じぶんの肉体のうちにもっと「愛」を感じる部分を発掘し開発することを、強迫的に要求されもします。そうして性的な交わりを技術として学ぶことが多くなります。性的な関係がコミュニケーションの一様態としてよりも、身体の特定の部位ないしは器官のある状態としてイメージされることになるわけです。

性をイメージするときのその回路が、このようにモードという社会的な現象のなかで整流されていく過程を見ていますと、それは医療制度のなかに置かれている身体ととても似ていることに気づきます。わたしたちは健康の管理や医療の場面で、じぶんの身体について、じぶんではほとんど判断を下せないし、処置を決める能力ももちあわせていません。風邪のとき熱が出たらなにを煎じて飲むか、歯痛のときはどんな葉を噛みしめるかといった自前の治療能力を、わたしたちはいまではほとんど失《な》くし、じぶんの身体にかかわるのにも外部の基準に頼らざるをえないのです。

このように、わたしたちは私的なものとしての身体のなかでそれぞれが孤立し、カプセル化する一方で、病院での生死の管理や健康のチェック、性の統制、体型のモード化などに見られるように、身体が本来そなえている社会性は、ある公的なコントロールの下にますます精密に置かれるようになっています。このようないわば股裂きの状況から、生き生きと外部に開かれた身体を奪還する試み、そうした試みが現代の芸術や思想にはしばしば見受けられますが、三宅とフォーサイスの仕事も、広い意味ではそのような一種の身体状況論としても交差していたと言えるのではないでしょうか。

このほかにも、身体環境としての、あるいは身体性の延長としての建築や都市デザインとも、ファッション・デザインの冒険は深くかかわりあうところがあります。身体と接触する表面のデザインとして、布地のテクスチュアと建築の壁の触感とは多くの点で共鳴していますし——建築家、安藤忠雄の打ちっぱなしのコンクリート壁の触感と、つい先ごろの服を裏返して着るファッションの感受性とにはたしかに通じるものがあります——、さらには町並みや家の佇まい、家の内と外のあわいやショーウィンドーの構成、盛り場の影や界隈《かいわい》性といった都市そのもののテクスチュアとも、ファッションは深く連動するところがあります。

また、スポーツウェアの分野における、皮膚に吸いつくような高度の伸縮性をもった生地の製造技術と衣服へのその応用などをも視野に入れるならば、皮膚から衣服、住宅におけるインテリアとエクステリア、そして都市の景観まで、皮膚感覚の対象(身体を包むものの触感や風合い)としては一つのシリーズをなしていると言えそうです。身体状況論、身体環境論という方向でのファッションとアートの交差というのは、今後もしばらく目が離せません。

偶発的に生まれるものの厚み

ファッション・デザインはもう一つ、制作という場面でも、アートにあるベーシックな問いかけを突きつけているように思います。

数年前のことですが、ファッション・デザイナーと生地製造者・パタンナー・縫製技術者らの関係がどのようなものか知りたくて、織り・染め・絞りなど、川久保玲の服の生地製造を一手に引き受けている職人さん（松下弘さん）を訪ねたことがあります。いろいろお話をうかがっているうちに、その職人さんの口から、あっと驚くようなお話がもれてきました。デザイナーとは年に二回、数時間会うだけ、それも何か世間話をするくらいだという話です。

「生地を作るとき形のことは考えません。素材を作ればあとはあちらがこなしてくれるでしょう。わたしは服はわからないんで、生地を作ったあとはそれ以上踏み込まないことにしています。わたしたち（川久保玲と松下弘）のあいだでは、つねに、なんとなくというかんじで決まっていくんです……」

年に二回、東京に出て、川久保さんととりとめもないおしゃべりをして別れる。するとあとでファクシミリでなにか暗号のような単語が伝わってきて、その片言をひょいと受け取って、五〇〇種くらいの生地を一から作りだす。それを受け取ったデザイナーがこんどはそれをもとに服を構想し、さらにパタンナーがそれをいじくりまわす。生地・デザイン・パタン・縫製と、パリ・コレクションの前には全体でテンションを上げていく。デザイナー側の仕事ぶりを横から見ていて、乗りがいま一つわるいなと感じると、会社の連中のテンションを上げるために、わざと生地の発送を遅らせることもあるというのです。

暗号のような言葉の断片がひょいと浮かぶだけでもっとも本質的なことが通じてしまうというのは、すごい片言通信です。ご一緒させていただいた仏文学者の多田道太郎さんは、これを俳諧でいう発句《ほっく》と付句《つけく》にたとえられました。同一のコンセプトを共有するというより、ある与えられたものを機縁に別のことを始める。デザイナーとは、ここでは（連歌でいう）発句ではなく付句の名人のことではないのか、とおっしゃるのです。松下弘が発句をつくり、それを手渡されたデザイナーの川久保玲が付句をするのであって、逆ではないということです。

出発点に、終極にまでいたる基本設計があるわけではありません。素材の制作における物との対話、そしてまるでバトン・タッチのような仕事の引き継ぎのなかで、偶発的に生まれるもの、そこにクラフト作品の多義性がある、厚みがあるわけでしょう。現代のアートは、模倣や複製を恐れないし、ひとりの作家が作品の制作と享受の全過程を支配しようともしない。そこに、現代アートが工芸にかぎりなく近接してくる理由があるように思います。

ゆるやかな集団による創造行為

近代芸術にはつねに、「オリジナリティ」（独自性）という強迫観念《オブセッション》がつきまとってきました。ある個人の内面という、かけがえのないものの表現（expression）——エクスプレッションとは、内にあるものを外に押しだすという意味です——としての芸術、したがってその作者の名を記入されるべき作品という観念です。これにたいして、クラフトの大きな特徴は、制作物のオリジナリティを、それを制作したひとのオリジナリティに結びつけないというところにあります。物がそこにあるということ、そういう物の存在がもつオリジナリティを創出する行為こそがクラフトであって、それは、わたしが見るのではなく、いわば物のほうから世界を見るという、そういうまなざしのなかでの創造行為なのだとも言えましょう。

　さて、匿名の集団的創造行為としてファッション・デザインを考えてみますと、衣服のデザインと制作の過程が、近代的なアーティストのアトリエによりも、ルネサンスの工房に近いことがわかります。

　英国の歴史家、ピーター・バークの『イタリア・ルネサンスの文化と社会』（森田義之・柴野均訳、岩波書店、一九九二年）によれば、ルネサンス期の美術品は、ほとんどがボッテーガと呼ばれる工房で制作されたそうです。当時は一つの工房が、壁画を制作したり、衣裳箱・馬具・チェンバロの蓋などに絵を描いたり、戸棚や寝台の背もたれに装飾をしたりと、幅広い内容の注文をこなすため、親方は助手や徒弟を雇って共同制作しました。一種の企業体です。工房はまた専門的な技術の訓練の場所でもあったのです。そうするとその署名は、だれが作ったかを表わすというより、むしろ工房のブランド・マークのようなものであったと考えられます。

　柳宗悦《むねよし》もまたこの「無銘」の制作物に注目し、そこに「非個人的な性質でなくば現せない美の深さ」を読みとりました。じっさい、「デザイナーズ・ブランド」という現代の工房を見ていますと、中心的な場所で単独でイニシアティヴをとる一人のひと（たとえば創始者や指令者）が創造の核となるのではない、偶然を孕《はら》んだゆるやかな集団の創造行為、そういうシステムを考えるべき時代にきているような気がします。芸術においても、学問においてもです。

こうした意味でもファッションは、前半で述べたような身体（状況）の解釈とともに、現代文化のなかでとても重要な位置を占めていると言えます。

めだつために、隠れるために装う

化粧セラピーの研究がいま、いくつかの大学の心理学教室を中心に取り組まれています。なんらかの理由で顔に傷を負ったひとへの（メンタルな部分も含めての）化粧法によるケアや、乳ガンを患い乳房を切除した女性が負っていかざるをえない自身の身体との関係の再構築を側面から支えるための下着の開発などについては、これまで外からはなかなか見えにくかったのですが、関連企業の研究スタッフのかたがたの努力が着実に積み重ねられてきました。

が、最近はもう少し枠をひろげて、たとえば老人性痴呆症状の進行の抑止に化粧セラピーをとり入れる試みがいくつかなされています。また、まだごく少数ですが、家庭裁判所から保護処分として送致された少女たちの「矯正教育」をおこなう女子学院（法務省管轄）に出かけて、更生のための「ふつう」（？）のメイク――この「ふつう」ということがメイクをする側にとっても、される側にとってもほんとうは問題なのですが——の講習に取り組んでおられる化粧講師のかたもおられます。

服装と言えば、つい着るひとの趣味だとか自己表現だとかが話題になりますが、それはひとが他人の前に出るときの外見の演出のことですから、そこには他人との関係についてのセンスがじかに出ることになります。あるいは、そのひとの社会との距離のとり方というものが滲みでることになるわけです。できるだけめだたない服装を好むひとから、つっぱりやパンクのような顰蹙《ひんしゅく》もののファッションまでです。

ひとは、ひとびとのあいだで、めだつためにも隠れるためにも服装に気をつかいます。他人とひどく異なる衣裳を身につけることもあれば、だれもが着ている制服のような服のなかに埋もれてしまうこともあります。いずれにせよ、服装というものはそのひとの社会意識、あるいは他者たちのなかのじぶんというものの意識を、いやがおうにも映しだすものなのです。

服は他人の視線のためにある

服装をこのように他者たちとの関係のなかで考えようとするときに、一つのすてきな視点があります。衣服は他人の視線をデコレートするものだという考え方です。一つの例がすぐに思い浮かびます。夏にお坊さんやご婦人が白い生地の上に重ね着しているあの絽《ろ》や紗《しゃ》の黒く透けたきものです。これらを重ね着するというのは、本人にはちっとも涼しいわけではないのですから、そこにはむしろ他人への繊細な心配りがあるということでしょう。それはなにより、それをまなざすひとの眼を涼ませるものです。

逆に、服装が他人を傷つけるというばあいもあります。一昨年でしたが、大阪府内のある市で、「先生の服装の乱れが目に余る」と、小中学校の先生たちに制服の着用を義務づけるという提案が市長から出されたことがあります。市長・教育委員会と教師のあいだに起こったこの論争、一方が服装の乱れを言い、他方が服装の自由を言いました。

この論争の前提にすこし異論があります。まず、服装が「乱れて」いるかいないかは、それじたいとしては趣味の問題と言うしかありません。それにみんなが同じ服を着たからといって、それで「乱れ」がなくなるわけでもないということです。他方、服装の自由を言うその先生たちはすでに制服を着ている。教師の過半数がもしジャージーとスリッパという恰好なのだとすると、会社における背広やスーツと同じで、それはすでにもう立派な制服です。意識が制服化しているからです。だからもし服装に自由の表現を求めるなら、制服に反対する先生たちはなによりもジャージーというルーース——そう、ルーズソックスの「ルーズ」の正しい発音です——な制服をこそ脱ぐべきだと言うべきでしょう。

どんな服にも制服としての面があります。たとえばズボンとスカートが性の制服でなくて何でしょう。逆に同じスタイルの服でも、着方や組み合わせで他人との微妙な差異を演出できます。いかなる服も制服であると同時に、いかなるひともその小さな差異に「だれ」としてのじぶんのアイデンティティを賭けているわけですから、その意味で、いかなる服であれ強制されてはならないと思います。それは個人の尊厳の問題だからです。

制服とは、個人の存在を単一の属性へと還元するものです。医師や看護師、警官や裁判官、パイロットやフライト・アテンダントらが厳格な制服を着るのは、その任務が市民の生命にかかわるものだからです。言動の一つ一つに注意を集中しなければならないからです。みずからを一つの属性へと還元することで、いわば任務になりきるわけです。

けれども、学校は子どもがそういう任務につくところではありません。むしろひととしての全人格的な生き方を学ぶところです。だからむかしは、いまとは逆に、教師が三つ揃《みつぞろい》の服を着ることもしばしばありました。時代がちがうということももちろんあるでしょう。けれども、生き方、考え方を教えるという、ひととして過大な課題を背負わされているという怖さに耐えるために、教師は厳格な服装をしていたという面もきっとあっただろうと思います。医師や警官とおなじで、そうでないと、課題の重さに押しつぶされそうに感じたのだと思います。

そういう怖さへの感覚が、現在の学校での服装から消えているということはないでしょうか。制服は子どもを管理するという発想から生まれているという批判、子どもの自由を抑え込んでいるという批判が一方にあります。自由服だと服装についてあれこれ考えるので、センスを磨くのにいい練習になるという意見もあります。他方で、自由服のほうが費用がかさみ、負担になるという意見があることも承知しております。学校というところは子どもたちがどんな家庭、どんな階層に属していようが、みな同じスタートラインに立つという約束のしるしとして制服がある、という考えもありうるでしょう。ある服を強制されることによって誇りが傷つけられるような場面というのも想像できます。どれもだいじな問題です。

ただ、そこでは服装が、たいていのばあい自由か規則かという面からばかり論じられて、それが他人にどのような感情を強《し》いるかという面が議論の対象になっていないように思います。そして他人に辛抱を強制するのであれば、じぶんがその辛抱に深いところで敬意を払うのでなければならないはずです。ひととして生きるかぎり、なにかを断念しなくてはならないことへの慈《いっく》しみの感情が、それを強いているほうの表情に、あるいは服に感じられるのでなければならないはずです。

いま多くの学校で生徒が制服を強制されているからそう言っただけでして、ほんとうはどんな服だっていいのだとわたしは思っています。先ほども述べましたように、服はほんらい他人の視線のためにある。そして、「わたし」の前に他人がどんな服装をして現われるか、服装にとくにかまうかかまわないかは、「わたし」がそのひとにどのように扱われているのかを、想像以上に微細に映しだすものです。「先生にとってわたしたちってこのていどの存在でしかないんだ……」と、生徒が先生の服装に傷つけられるということもあるのです。逆、つまり先生が生徒の服装に傷つくということもおそらくはあるでしょう。生徒ではありませんが、はじめての父親参観日に着なれない背広を着ていったわたしの友人は、先生のジャージー姿に、傷つくどころか、侮辱されたと言っていました。

このように、服には思いのほか重い意味があります。ある服装を強いられることでひとは傷つくことがありますが、逆に、じぶんがある服装をすることで他人を傷つけることもあります。共同生活のなかで服を着るということの意味について、学校でもすくなくとも一度はつっこんで話しあう必要があるように思います。

家庭であれ学校であれ、人生のスタートとなる場所が納得のいくものでなければ、社会についてなにかポジティヴなイメージを描くことはできないでしょう。学校が市民社会の小さなモデルだとするなら、（納得しないで制服を強制されるときがそうですが）嫌悪や反感のなかでそれを経験しはじめるというのは不幸なことです。衣服というものは、そういう社会への適合もしくは不適合の感覚を、皮膚という、個人のたましいのもっとも敏感な部分で発生させるものであり、だからこそ濃《こま》やかに、理をつくして、議論する必要があるように思うのです。

〈若さ〉という強迫観念

化粧セラピーが老人性痴呆症状の進行抑止に効果があるという報告を聞いたことがあります。じぶんが他人の眼にどのように映っているかが気になるということが、人間の意識を活性化するということなのでしょう。これはいいかえると、だれかある他人にとってじぶんがほんとうに意味のある存在としてあるということを感じられるかどうかが、そのひとのアイデンティティにとって本質的なことだということです。ひとはたとえじぶんのなかに生きる理由が見いだせないときでも、他人によって生きる理由を与えられることがあるものです。

さて、服装を気にするというのは、じぶんを「よく」見せるためだとしばしば言われます。しかしその「よく」というのも、ある時代、ある集団のなかで、みんながそう思っているだけのことが多いものです。その「よく」という神話の一つに「若く」というのがあります。そして「若く」見せようとして、小皺を丹念なお化粧で隠したりします。

皺というのは不思議なものです。いくらすてきだと言っても、美しくないから苦労して別のほめ方をしているととられます。でも、齢《よわい》を重ねたように見えることを、ひとはなぜこうも忌避するのでしょうか。なぜ、肌について、ひとはこんな画一的な美的標準しかもてないのでしょうか。

肌が艶や張りを失うこと、このことを嫌う一つの強力な理由は、それによって現在を人生の下り勾配と感じるからでしょう。疲弊、減退、萎縮、衰弱、下降、弛緩、崩壊といったイメージが折り重なってきます。

逆に言えば、生きているということが何かを生みだすような力や緊張があるというふうに理解されているということです。ここには、存在の力を生産性という次元で、時間の経過を累進性という次元でとらえる思考法がみられます。

ほとんどの企業体で、いまもこうした生産性とか作業効率が第一に問題とされるのは変わりないにしても、しかし個人のライフスタイルとしては、現在ではこのような《生産主義》的な生き方をストレートに信奉するひとのほうがめずらしくなっています。にもかかわらず、美しくなりたい、お肌をもっと手入れしなくては、といった願望はしずまらない。どうしてなのでしょうか。

記号を書き込むためのキャンバス

毛を抜きとり、ローションやクリームやパウダーをまぶし、塗り重ね、のばし、ぬぐい取る操作、そうしてしみを隠し、表面を均質化し、透明な輝きを与え、皮膚から時間の影を、時間の記憶を消し去ってしまう操作、そういうコスメティックの操作は、やがてそこに、アイライナー、アイシャドー、アイブロウ、マスカラ、チークカラー、リップスティックなどの道具を使って、めりはりのきいた新しい「かたち」を顔面に出現させるためにおこなわれます。それはちょうど、いずれ交通標示を書き込むために、地表をアスファルトで平らに整地する作業に似ています。顔にしみ込んだ意味をゼロに還元して、そこにどんな記号をも書き込むことのできる無地の平面を作りだすのです。

化粧を落としたあとの、あののっぺらぼうの顔は、他人にとって、まるで顔が陥没

していいるような不気味さがありますが、それはひとが一時「だれ」でもなくなってい
る（存在があいまいになっている）という不気味さなのでしょう。独自の時間を内蔵し
た、とりかえのきかない個人を表わすはずの顔まで、記号を描き込むためのキャンバ
スになるのでしょうか。
「エクササイズ中毒」ということばがあります。一九六〇年代後半に起こったジョギ
ング・ブームから八〇年代のフィットネス・ブーム（ヘルス・クラブやウエイトトレー
ニング・ルーム、フィットネス・センターなど）まで、《身体の製造》（メイキング・ボデ
ィ）への欲望は、脂肪除去や皺のばしといった美容外科手術や、シルエットを補正す
る下着などと連繫しながら、エクササイズによって鍛えられ、締まったパーフェク
ト・ボディをめざしてきました。
興味深いのは、そういうふうに身体の管理や訓練をすればするほど、じぶんの現在
の身体への不満がエスカレートしてくるという点です。こうしてますますフィットネ
スにのめり込むことになります。じぶんの身体を自由にデザインしようとして、ます
ますじぶんではどうにも制御しようのない欲望に翻弄されていくという、逆説的な事
態におちいるわけです。

時間の澱、服に〈顔〉をもたせる

さて、ここに一九四七年生まれの女性の身体のパーツばかりを写した写真集があります。石内都《みやこ》さんの『1・9・4・7』（IPC、一九九〇年）です。現在はもう絶版になっていて、残念ながらすぐには手に入りません。

四十歳代のからだだとは、はじめのうちは信じられないような、深く皺を刻まれた手と足が画面を埋めています。この写真集をながめていて、わたしは四十歳代のからだにも艶《つや》があるのにおどろきました。ただしそれは、着古した学生服のように磨耗しかけている布の鈍い艶であり、アイロンを当てすぎた服が発する鏝光《こて》りのような艶です。それが肌にもある。割れた皮膚、干《ひ》からびた皮膚、タコのように硬化した盛り上がった皮膚……。

これらの鏝光りした手や足を見ていると、不思議にも、からだでないのはむしろ若くて溌剌《はつらつ》としたからだ、ぴちぴちに張りつめたからだのほうに思えてきます。溌剌としたからだ、それはまるで金属の表面かエナメルの表面のように均質的で、輝きがあります。が、そこに〈顔〉を認めるのはむずかしい。

が、この四十歳代の身体には時間の苦しみがあります。歴史の悶《もだ》えがあります。つまり〈顔〉があるのです。だから正視するのがつらいのです。

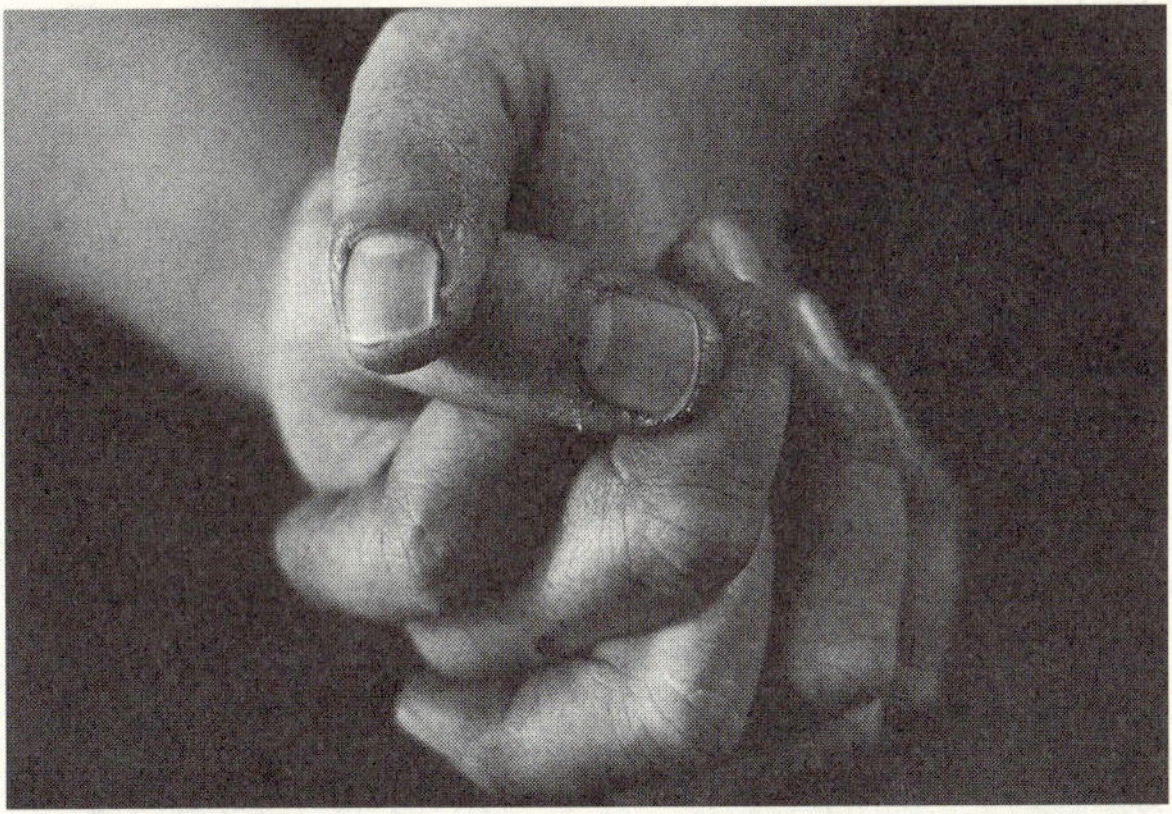

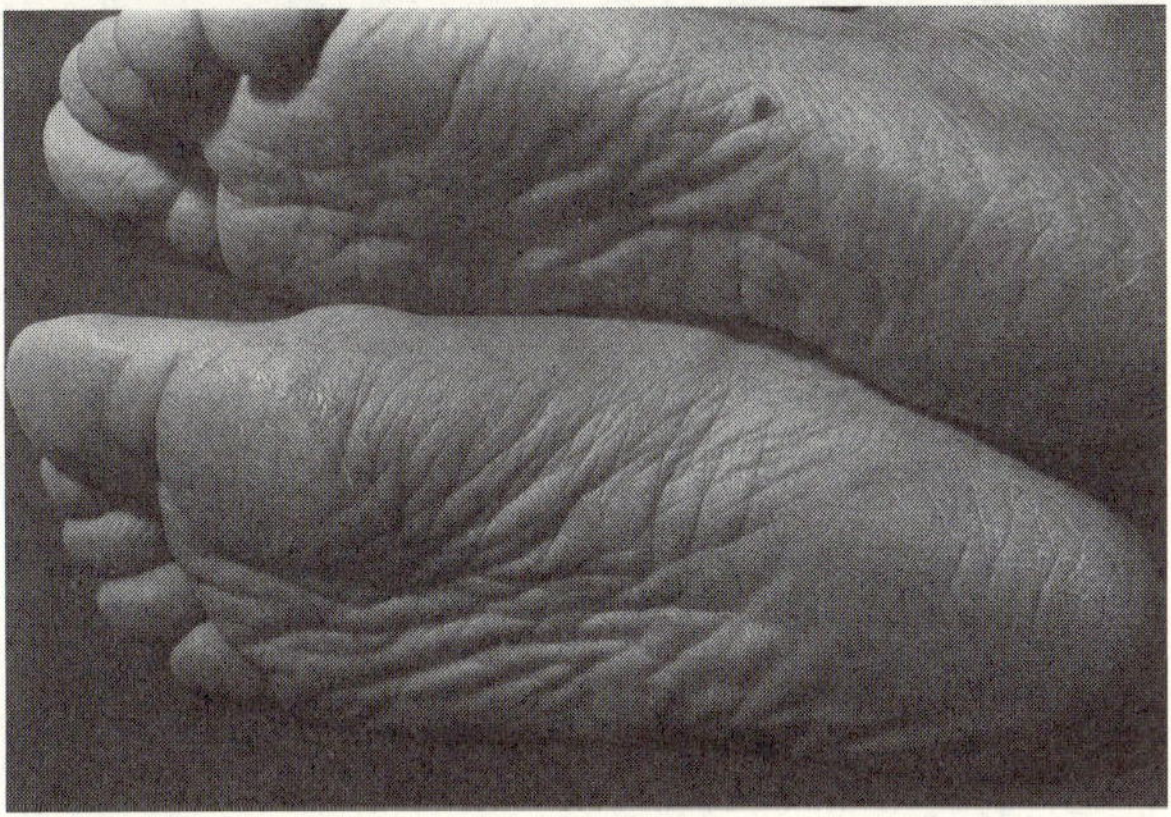

石内都『1・9・4・7』No. 11（上）、No. 49（下）

歪んだ足指も、かさぶたに覆われた足裏も、マニキュアの剝《は》げた爪も、極薄の皮膚を無数の微細な線が走る手の甲も、ほかならぬ彼女たちの〈顔〉であり、つまりは彼女たちなのだとすれば、やはりそれをじろじろ見るわけにはいきません。そういう写真集なのです。顔という人格の場所からもっとも隔たったパーツである手と足、そこに〈顔〉を回復してやるのが、石内都の写真集ではなかったかと思うのです。

それと比べると、小皺を隠すメイクは、時間にたいして防水処理をめざしていると言えます。しかし、美しい顔とか身体というのは、ほんとうに時間を消去された顔と身体のことなのでしょうか。それは、時間という契機がそもそもあらかじめ抹消されている顔、つまりだれのものでもない顔なのではないでしょうか。時間の悶えも哀しみも傷もない顔、それは顔ではないはずです。匿名のボディではあっても、だれかの身体ではないはずです。

服という、わたしたちのもう一つの表面についても、そのままおなじことが言えます。服にも、ただ古びてよれよれになったというだけではなく、時間を深く縫い込んだデザインというのがありうるのではないでしょうか。あるいはなにも特別なデザイナーの服でなくても、着込んだ服にしばしば感じられる時間の澱《おり》といったものが。そしてこの時間の澱が、服にも〈顔〉をもたせるのだと思います。

何人かのデザイナーは、ひとがそういう〈顔〉をもつことができるよう、服で支えたいと考えてきたようです。そういえば、山本耀司が、かれを撮った映画（56ページ参照）のなかで「時間をデザインしたい」と、古ぎれにちょっと嫉妬するような口調で語っていたのを思いだします。

ホスピタブルな衣服

その山本耀司が、同じフィルムのなかで、じぶんは「なにかお手伝いできることがありますか」（Can I help you?）という感覚で服をデザインしていると語っています。だれかに（そのひとの鏡として）〈顔〉を差しだす行為、あるいは、〈顔〉のある存在としてだれかを迎え入れる行為を、無言で支えるという面が服にはあります。それをわたしは、衣服のホスピタリティと呼んでみたい気がします。

そう言えば、顔というのは不思議なものです。じぶんの印というよりじぶんそのものであるのに、その当のじぶんには絶対にじかには見えません。じぶんからは無限に隔てられています。その顔に、他人は語りかけ、反応してきます。わたしの顔はまずは他人にたいしてあるのです。

服にもそういう面があります。服というとすぐ「センス」が問題にされますが、それは〈わたし〉の自己表現であると同時に、いやそれ以上に、他人の視線をデコレートしたり、他人の存在を迎え入れたり、ときには他人の存在を拒絶したりもする、そういうそのつどの他者へのかかわり方の様相《モード》のことを言うのではないでしょうか。衣服はじぶんだけのものではないのです。他人を拒絶する場合でも、他人が唾を吐きかけそうな服をわざと身につけることによって、そういう姿勢を他人に向けてしめすのですから。

それなしでは生きていけないもの

ひとがそれなしでは生きていけないもの、それについてじっくり考えるのが哲学だと、わたしは思っています。ひとがそれなしでは生きていけないもの、それについての問いかけはしかし、しばしば人間には答えが見いだせないものです。エンドレスで考えるしかないものです。しかしエンドレスで考え、議論しつづけるなかで、最終的な答えはなくとも、そのつどある解決にはいたりうるものです。その一つに、衣服がありだす。だれも服を着ないでは生活できないのに、衣服についてはうわべの問題、外見の問題ということで片づけ、あまりしっかり論じられてこなかったのではないかと思います。

第二部　〈衣〉の現象学——服と顔と膚と

顔の渇き

存在の核としての〈顔〉

あるひとのことを、そのひとの顔を思い浮かべることなしに思うことはできない。そのような事実にふれながら、「おもて」(面)こそ「人格の座」であるとしたのは、『面とペルソナ』の和辻哲郎である。

顔というものがわたしたちの存在にとってある核心的な意味をもっているということ、このことは疑いえない。じぶんでも理由がよくわからないのだけれど、顔を見るだけでいらいらしたり、「むかつく」といったこともよくある。その意味で、ひとにとって顔がもつ意味は、決定的と言っていいほど大きい。

けれども他方で、顔面よりも身体の他の部位のほうが、だれかの存在を、よりいっそう本質的に表わすばあいもある。むかし見たアラン・レネ監督の映画『二十四時間の情事』(原題は「ヒロシマ、モナムール」)のなかに、撃たれ、道に伏している兵士がクローズアップになり、死の瞬間、指をかすかに痙攣《けいれん》させるシーンがある。あるいは、以前話題になったCMの一つ、チョコの「常習者」江角マキコがセーターを脱いで筋肉質の背中を画面いっぱいに見せるシーン……。ここでは、掌が、背中が、顔面以上にそのひとの〈顔〉として現われでている。そういえば、かつて「健さん」（高倉健）も背中に顔があった。

王朝物語に出てくるような男女の逢瀬は、まずはじめに顔をあわすことから始まるのではない。噂《うわさ》をたよりにしだいに近づき、その声、あるいはその楚々とした身ごなしとともに聞こえてくる音とともに、あるいはその身の表面から漂ってくる香りづてに、交わりははじまる。面《おもて》を交《か》わすのは、しばしば交わりよりあとなのである。そうすると、ひとの〈顔〉、つまりだれかあるひとの存在の核が顔面であるというのは、かならずしも自明のことではないといえる。

十六世紀の思想家、モンテーニュが『エセー』のなかで、つぎのような興味深い逸話を紹介している。

わが国の乞食が真冬にもシャツ一枚でいるのに、耳まで貂《てん》の毛皮にくるまっている人と同じように元気なのを見て、誰か或る人が、乞食の一人に、どうしてそんな我慢ができるのかとたずねたところ、乞食は答えた。《旦那さまだって、顔

はむきだしだ。私は全身が顔なのだ》。（松浪信三郎訳、河出書房新社、一九七四年）

このように考えてみると、なかなかおもしろいことが見えてくる。たとえば、わたしたちの社会では〈顔〉はあきらかに顔面に縮こまっている。そのいい証拠が運転免許証や学生証などの身分証明書だ。そこには氏名・住所や生年月日が記載されているとともに、かならずそのひとの顔写真が貼りつけてある。まちがっても手や脚、背中や後頭部の写真ではない。

興味深いのは、〈顔〉が顔面に収縮してくるとともに、顔面がむきだしになってきたことだ。濃い髭には表情を隠す効果がある。髭を伸ばすというのはかつて男のノーマルな顔であったが、二十世紀のある時期から髭を剃った顔が標準的となった。素顔をさらすとはいえ、髭を剃るわけであるから、あきらかにそれは細工した顔、加工した顔である。それがわたしたちの社会では標準になっている。

しかしこれはわたしたちの社会に特殊な顔の感覚ではないだろうか。というのも、表情のすべてを他人にさらしてしまうというのは、きわめて危険なことだからである。表情はその微妙な動きをじぶんで制御するというのがとてもむずかしい。だいいち、じぶんがいまどのような表情をしているのか、その生きた顔をじぶんではどうしても見ることができない。逆に他人のほうは、わたしの心情の変化を刻々と映しだすわたしのその顔をその微細な変化まで、咄嗟《とっさ》に精密に読んでしまう。つまり、無防備なのである。顔を他人にさらしているというのは。だから、本来からいえば、中近東の一部でいまも習慣になっているように、顔を覆い隠すことのほうが理にかなっているのである。

都市には顔があふれている

にもかかわらず、わたしたちはじぶんの顔を露出する。こういう習慣は、都市生活の巨大化と関係がある。都市は、民族も文化も階層も出自がさまざまに異なるひとびとが、隣りあわせで生活する空間である。こういう空間で、隠さねばならないような邪悪な意志をもっていないこと、同じ秩序を共有する意志があることをあらわすために、ひとびとは顔をむきだしにし、同じスタイルの衣裳を身にまとう（背広は都市生活の制服なのだ）。だから英国には、顔を何かで覆い隠して戸外を歩くと罰せられる町があるくらいである。覆面も、それから眉毛を剃った白塗りの顔も、ともに表情を隠すがゆえに危険で、挑発的で、不気味なのである。

実際現代の都市には顔があふれている。広告ポスター、雑誌の表紙、ＣＤのジャケット、TVの画面と、とにかく顔が氾濫《はんらん》している。タレント、歌手、スポーツ選手、ニュースキャスター、政治家、指名手配者……の顔、顔、顔。しかしこうしたポートレイトや画像群は、ほんとうに〈顔〉の現象なのだろうか。むしろこれらは記号の現象なのではないだろうか。あるいはある意味類型としての顔？　実際、以前の「しょうゆ顔・ソース顔」ではないが、どの時代にも流行《はや》りの顔がある。あるいはその年その年に顔の作り方（メイクの流行）がある。アイドルの顔が、詳しい情報をもたないひとにはほとんど区別がつかないのも、たぶん同じ理由による。

それらが顔面の像であることはまちがいない。が、見るわたしと見られるその他者の顔とのあいだには、なんの関係も生じない。つまり見る―見られるという一方的な関係があるのみだ。交感が生じないのである。見るものが見られるもののまなざしにふれてうろたえるという、そういう磁力のような相互的な関係が存在しない。盗み見という関係しかそこには存在しないのである。

関係が生じないというのは、顔としてのもっとも本質的な特性を欠いているということだ。関係が顔にとって本質的であるというのは、理由がある。じぶんの顔はじぶんでは見えない。じぶんの顔は、じぶんの顔をまなざす他人の顔のその変化を見ることで、わたしが想像するものでしかない。つまりわたしの顔じたいが、他者の顔を介してはじめて手に入れられるものであるのであり、他者の顔についても同じことがいえるのだから、本質的に顔は関係のなかにあるのであって、けっしてそれだけで自足している存在ではないわけである。

とすれば、いまもしひとびとが〈顔〉という現象に関心をもつようになっているとしても、それは記号としての顔への飢えからくるものではないだろう。逆に、そういう記号としての顔の氾濫のなかで失われてしまった〈顔〉への渇き、それをこそそこに読みとるべきではないのか。それはたぶん、画像やイメージ記号といった静的なものにならない顔、類型やタイプに還元されないような顔である。いいかえると、わたしと面と向きあうことでわたしをうろたえさせてしまうような顔であり、わたしに背後から迫ってくる顔であり、だれかの存在の代わりのきかぬ個別性そのものであるような顔である。

テクスチュアの現象としての〈顔〉

顔の経験というものを思いだしてみよう。だれかと眼があうと、わたしたちはどぎまぎして、まともに相手の顔を見つづけることができない。眼のやり場にこまり、すぐに視線を逸《そ》らしてしまう。そして、対象として見ようとすればするほど、それは引きこもってしまう。が、またその相手の眼にどうしようもなく吸い寄せられてしまう。〈顔〉にはすさまじいばかりの切迫力があって、踏み絵どころか、床にころがった雑誌の表紙ですら、わたしたちは平気で踏むことはできないし、知り合いのひとのポートレイトの上に落書きをすることもなかなかできない。それは、〈顔〉が他人の存在そのものであり、〈顔〉の経験が他人がそばにいることの感触そのものであるからだ。

こういう顔の感触、それがだんだん貧しくなってきたのがわたしたちの生活だ。毎日、未知のひとの顔や画像はいやというほど見る。ホテルのボーイさんやデパートの案内嬢の記号としての顔もたっぷりかすめ見る。が、〈顔〉としての他者の経験というのは、なにかとてつもなく乏しくなっているような気がする。

ボランティアにかけつけるひとびとの増加、あるいはポケベル、携帯電話の流行というのも、画像としての顔ではない〈顔〉の臨在感、〈顔〉のテクスチュア（きめ）の経験への渇きであり、その非視覚的な現象の一つではないだろうか。わたしたちの日常において、自他の関係のある様相がそっくり落ちてしまっているような気がしないでもない。窃視《せっし》症を普遍的に病んでいる世界とでもいえばいいのだろうか。凍りつくほど孤絶した世界ではある。

ちなみに、他人が現にいること（他者のプレゼンス）ということで思いだすのが、背後からのまなざしだ。たとえば幼児がはじめて幼稚園に行って、子どもだけで広い講堂のまんなかに集合させられるとき、たいていの子どもは、後ろをちらちら振り返りながら、おずおずと前に進み出る。母親の視線を背後に感じて、やっとかろうじて前に出ることができるのだ。そういう眼差しの力こそ、テクスチュアの現象としての〈顔〉がたくわえているものではないだろうか。そういえばかつて「面差し《おもざ》」ということばもあった。いまそういう「面差し」への渇き、あるいは濃《こま》やかな感受性への思いというものが、わたしたちのまわりに溢れてきているように思う。

そういう渇きを、荒木経惟《のぶよし》が、山内道雄が撮りつづけてきた。そしていま、長島有《ゆ》里枝《りえ》や中野愛子をはじめとする若い女性フォトグラファーたちが撮りはじめている。その行為をかつて荒木経惟は、街のなかの顔を街の外から撮るのではなく、街に触れながら撮るのだと言った。一九七六年のことだ。

やはり、あれは肉弾戦ではないなー。望遠レンズは、相手にはっきりとオレが撮られたと確信させない感じがある。ありゃあー、盗み撮りだ。八百長だぜ望遠君。実際に、肉体と肉体がふれあう距離でシャッターをおさないと、手ごたえというよりはパンチＤＥデート指ごたえ、眼ごたえがないのである。手をのばせばとどく距離で撮った顔が、顔写真であり、面接写真なのである。
（『写真への旅』マガジンハウス、一九九六年）

〈顔〉について書くときも同じことがいえる。〈顔〉について書きはじめると、文章がなぜか抽象的になってしまう。あるいはぽつりぽつり、もつれたような感じになる。それは、そこで顔が想像や思考の対象となっていて、現にわたしに迫ってくるときのその「だれ」という契機を欠いているからではないだろうか。特定のだれかの顔についで書くのでなければ、どうも顔について書いたことにならないらしい。その点にかぎれば、はじめに引いた和辻哲郎の指摘はきわめて正確だったのだ。

もっと時間を、もっと虚構を。

危険で重大な開口部

化粧を西洋人はコスメティックと呼んできた。コスミック（宇宙的）という言葉と似ているが、それはともにコスモス（宇宙・秩序）という言葉から派生したものだからだ。

いまでこそ化粧は、社会のなかでのたしなみだとか、セルフ・イメージを微調整する行為だとか、異性を誘惑する手段などとして理解されているが、化粧にはかつて（あるいは現代でもいくつかの文化のなかでは）、見えるものに変形をくわえることによって見えないものを摑《つか》む感覚の技法としてのはたらきがあった。見える世界を超えたもの、超自然的な存在への祈りという意味があった。要するに、身体の表面をさまざまに装飾することで、世界との関係のチャンネルを切り換えようとしたのである。

その名残が、いまのメイクにもある。いまのメイクで集中的に彩色したり、金環をつけたりする部位のほとんどは、眼とか耳、唇、指先というふうなわたしたちの感覚の器官となっている部位である。感覚器官の周辺を墨で、紅で、あるいは鉱石や金属やエナメルで飾るのは、おそらく、化粧がもともと、宇宙をより深く、よりみずみずしく迎え入れるために試みられたことの深い記憶としてである。

ついでに言えば、触覚を別にして、主要な感覚器官は、身体の開口部に集中している。眼、鼻、口、耳。そして感覚が微細にはたらきだす部分、快感とか性的興奮が強度をもって発生する部分というのも、唇、舌、鼻、性器、肛門のように身体の穴の開いた部分に集中している。穴の開いた部分というのは、危険な場所である。身体の内部と外部が交通する部位だからである。危険なものがそこから流入するし、生命維持にとって重要なものがそこから漏出もする。

そういう危険な場所、重大な場所だからこそ、人体の開口部には、いろんな意味が過剰なまでに充塡される。食事のしつけ、幼児期のトイレット・トレーニングといったように、その取り扱いが厳しく規制される。顔面と性器・排泄器、そこには生命の生産（栄養摂取と排泄）と再生産（生殖）をつかさどる部分が集中している。唇や鼻、眼は性器や排泄器とかたちのうえでも似ており、画家たちはその類比関係と戯れてきた。タブーもまたそこに集中する。食のタブーと性のタブー。あるいはまたそこは、露わにするか覆い隠すかといったこだわりが集中するところである。覆面、化粧、性器を覆う布……。とにかくないがしろにはできない部位なのだ。

ところで、現在の化粧には、コスメティックと呼べるようなこうした宇宙的な意味はほとんどなくなっている。すこしでも自分のイメージをよくしたいという、人間関係の微調整の手段になっている。コスメティックにはかつて、世界との関係を変換するという意味、劇的な「変身」という意味があった。が、それもいまはほとんど見失われている。それに対して、

二十世紀の人間は、仮面および踊りという二重の呪術によってほんとうに超人間的な存在に変貌しようとする、無邪気というか狂気というか、そうしたものを持たないくせに、《自分から脱け出したい》、自分と違ったものになりたい、などと願望しつづける。

（J＝L・ベドゥアン『仮面の民俗学』斎藤正二訳、白水社、一九六三年）

同質化し平準化する技法

ひとはどうしてそうしたセルフ・イメージの操作にやっきになるのだろうか。

社会が都市化したからである。ひとは民族とか階級とか職業とか年齢とかいった枠

だけでみずからのアイデンティティ（じぶんがだれかであるその根拠、そのストーリー）を確定できなくなったからである。職業がたいてい世襲であったような時代にはアイデンティティの問題は起こりえようがなかった。じぶんはだれか、はじめからわかりきっていたからである。都市に人口が流入し、じぶんがだれであるかを各人がじぶんで枠どらねばならなくなって、ひとはアイデンティティという鎧《よろい》を必要とするようになった。アイデンティティに悩み、傷つくようにもなった。つまり、じぶんは他人とどの点で違うのかを、じぶんで証明しなければならなくなった。個人は他の個人との〈差異〉によってじぶんの存在を確定しなければならなくなったのである。「個性」などという言葉が出てきたのも、そういう事情による。

出自による差別はなくて（かつては衣裳や髪形が所属階級や所属民族のしるしになっていた）、かつ相互に差異のある関係、つまりは、ほとんどが同一だが、細部で微妙に異なるという、そういう諸個人が共存する場所が都市だったのである。背広にネクタイというのが、その象徴である。遠目にはほとんど画一的で、近くで見れば色や柄が微妙に違うといった服装の形式である。ヘア・スタイルやメイクについても同じことが言える。メイク用品もまた、服装の流行と連動して集団移動してゆく。

化粧はここでは、別の存在になるための技法というよりはむしろ、じぶんの別のイメージを演出する手段である。じぶんが生まれつきそんなに美しかったかのように「素顔」を演出する、そういう美顔術になっている。そしてそのモデルがファッション雑誌やテレビをはじめとするメディアを通して供給されるので、結果としてみんなが同じ化粧品、同じ化粧法でじぶんのイメージを構成することになる。このように、ひとびとを本質的に個性化し、多様化するはずのコスメティックという装置は、逆説的にもひとびとの存在を同質化し、平準化してしまう。顔がもう一つの制服になるのである。

こうしてわたしたちは、他のだれでもないこの〈わたし〉になろうとして、ますます深く流行のなかに組み込まれてゆく、ますます同じ「きれいな」「すべすべの」顔になってゆくのである。顔のこうした流行について、ミシェル・ギューはアイロニーいっぱいに次のように書く。「メイクされた顔が《透明》なのは、直接的な表面しか見せるものがないからであり、《ピチピチした、気持ちのよいお肌》をもつことは、じつは、皮膚だけにしか居られない、他の場所には行けない存在になることである」、と。

時間の澱を貯めこんだ顔

社会のなかでのセルフ・イメージの演出と微調整という意味でのメイクに、コスメティックの宇宙論的な意味を回復することは可能だろうか。真の「変身」は、現代ではカーニヴァルや仮面舞踏会やコスプレ大会でしか可能ではないのだろうか。

化粧とは顔の表面の造作を演出することだと言えるが、しかし化粧を見る側からいえばそうなるが、化粧する本人からすれば造作がどう変わったかほんとうはじかに確認しようがない。じぶんの顔はじぶんでは絶対に見ることができないのだから。つまり、化粧するときひとは、ほんとうはじぶんの空想的なイメージと戯れているだけなのだ。わたしたちはいつも、じぶんが想像するものを真似ているだけなのである。

そのように想像しているものの一つに、たとえば「若さ」という固定観念がある。こういう固定観念について皮肉たっぷりに語るのは、十九世紀の詩人、ボードレールである。

顔に色を塗るということは、美しい自然を模倣し、若さと張り合うというような、卑俗で口に出すのも憚られる目的で行われてはならないはずだ。それにまた、人工は醜いものを美しくはせず、美しいものにしか奉仕し得ぬとは、すでに観察されてきたところだ。自然を模倣するなどという不毛の機能を、誰が敢て芸術に振り当てようか？　化粧というものは、自らを隠し立てすることも、見破られまいとすることも要らない。それどころか、これ見よがしにではないまでも、すくなくとも一種の無邪気さをもって、自らを誇示してよいのだ。
（『現代生活の画家』阿部良雄訳、筑摩書房、一九八七年）

若く見せる化粧というのは、ひとの心を老けさせる。人間の存在を生産性において規定することで、じぶんをその生産性において退化しつつあるものとして意識させるからだ。そしてそんな「自然」の論理を抜きんでようとするところにこそ、化粧はある。

しかし美しい顔というのは、ほんとうは時間の澱《おり》をたっぷり貯めこむなかで生まれるのではないだろうか。一種の防水加工によって時間という契機があらかじめ消去した顔ではなくて、時間のもだえも哀しみも含み込んだ顔のことではないだろうか。〈美〉というのは残酷なものである。美しいものをしかいっそう美しくはしないからである。化粧する必要のないもの、たぶん少女が、もっとも化粧しがいのあるものなのである。審美性といえば、少女の化粧を抜くものはおそらくないのではないかと思う。

だが、〈美〉と女性の魅力とは別である。〈女〉であるということにおいて、逆に少女は女性のなかでももっとも輝きと妖しさと艶に乏しいものであろう。少女の〈美〉は充足していて、したがってとりわけ妖しさと艶の条件である揺れや羞《は》じらいや哀しみや諦めやなまめかしさといった、ある二元の対立や矛盾を前提とするような存在の様態に欠ける。そこには、うちに幾重もの層と襞《ひだ》をたたみ込むその〈時間〉が欠乏している。その存在を不意に反転させる〈虚構〉が欠如している。

わたしたちはいま、そういう〈時間〉と〈虚構〉を深く湛《たた》えたメイクをこそ必要としているのではないだろうか。もちろん、男性においても。

見えないファッション

衣服は皮膚、皮膚は衣服

「ファッションとは時代の空気のようなものだ」とは、よく耳にする言葉である。「空気」とはなかなかの譬《たと》えだとおもうのだが、しかしもし「空気のような」ものだとしたら、ファッションは見えないものだということになる。ダンスが、身体の運動性という、それじたいとしては見えないものに見える形をあたえることであるとすれば、ファッションもまた、感覚の水位だとか感受性の回路だとかいった、それじたいとしては見えないものを見えるようにする装置なのかもしれない。

もう一つ、「衣服は第二の皮膚である」という、いかにも言い古された言葉がある。が、ほとんどのひとはこれを、比喩的な言いかたとしてしか受けとめていない。わたしはこの言葉を、精神分析学者のルモワーヌ゠ルッチオーニとともに、「衣服は着たり脱いだりされる皮膚である」と言いかえたい。衣服が皮膚であれば、さらに、皮膚は衣服であるとも言いかえてみたい。というのも、わたしたちにとって、じぶんの身体というものはそっくり知覚できるものではないからだ。じぶんの身体はじぶんには断片的にしかあたえられない。そのばらばらの知覚像が一つの全体へと想像的に縫合されてはじめて、わたしたちは一つの身体をもつようになる。そう、一つに縫い上げられてはじめて、である。

この縫合された自己の〈像〉こそがわたしたちが身にまとう最初の衣服であるとするならば、衣服はもはやわたしたちの存在の被いなのではない。それはむしろ、わたしたちの存在の継ぎ目、あるいは蝶番《ちょうつがい》とでも言うべきものである。いやもっと直截に言って、身体はまずは衣服なのだ。この〈像〉としての身体こそがわたしたちが身にまとう最初の衣服であるからこそ、わたしたち人間は、繊維を編みだすよりもはるか以前から、皮膚をまるで布地のように裂いたり、引っかいたり、あるいは皮膚に線を引いたり、顔料を塗ったり、異物を埋め込んだりしてきたのだ。だから文字どおり、皮膚にも縫い目があり、ボタンが存在するのである。実際、女性器のラビア（陰唇）を縫い止めする習俗というのは人類史のなかでしばしば見られるものであるし、また現在でも、耳たぶや鼻、唇、舌、乳頭などにピアスするのと同じ気分でラビアを安全ピンで留める女性がいる。

芹沢俊介は、ある新聞記事のなかで（「朝日新聞」一九九五年八月三〇日夕刊）、「一つの穴（ピアス用の）を開けるたびごとに自我がころがり落ちてどんどん軽くなる」という男子の言葉を引き、次のようにのべている。「気になることというのは、彼らが自己の体に負荷をかけ続けることで自我の脱落という感覚を手に入れている点である。自分を相手にしたこの取引において、彼らは自己の体への小さな暴力といっていいような無償の負荷——フィジカルな負荷——を自分から差し出すことによって、精神的な報酬を得ている。教団という契機を欠いているけれど、私にはこれが宗教に近い行為のように映るのである」、と。

おそらくはそれとまったく異質ではありえない行為が、ルモワーヌ＝ルッチオーニの描きだす病院の光景のなかに見いだされる。

精神病院では、狂人たちがよくめちゃくちゃな服の着かたをする。しかも衣服が彼らの〔体の〕上にちゃんとおさまっていない。帽子やボンネットを斜めに被り、上着は垂れ下がり、スカートは傾いでいる。靴はといえば、反対に履いている。最後にボタンもなかなか留まらない、衣服のボタン、皮膚のボタンも。衣服だけでは飽き足らなくなると、患者は自分の皮膚自体を責める。自分の体を引っ掻き、皮をむき、引き裂いては、もっと裸になろうとするのである。

（『衣服の精神分析』柏木治・鷲田清一訳、産業図書、一九九三年）

身体を痛めつけたり、締めつけたりすることで、〈贖《あがな》い〉をするという感覚。この感覚がこれほどまでに明確なのは、わたしたちの皮膚である衣服が、まさに〈わたし〉の存在そのものであるからだろう。〈像〉としての身体と戯れる（jouer）ことでわたしたちはおそらく「わたしはだれか？」を賭けている（jouer）のである。ロラン・バルトの言葉を借りれば、それはつまり〈同一性〉を賭ける遊びなのである。

スクリーニングする薄膜

しかし、ひとはなぜそれほどまでに、皮膚にこだわるのか。皮膚を責めるのか。皮膚こそ、世界を感受する装置だからである。わたしがそれである情報が通過する場所だからである。

皮膚は〈わたし〉の囲い、〈わたし〉の被いなのではない。それが胎盤のようなものと異なるのは、それが主体を隔離する膜ではないからだ。皮膚というこの薄膜は、そこを通過する情報をスクリーニングする。そのスクリーニングの機能によって、そこを通過するものが変形される。心的なものが物質に、非性的なものが性的なものに変換する。微細な情報が可視的なものに、このトランス（変圧器）において増幅させられる。その変換の意識が、おそらくは、〈わたし〉たちの存在である。

さて、港千尋の『考える皮膚』（青土社、一九九三年）によれば、精神科の療法に、全身を湿布でくるむ「パック」と呼ばれる、ある意味ではとても原始的な方法があるという。皮膚を傷つけるという自己破壊的な衝動はじぶんの身体イメージが壊れるところに発生するといわれるが、その分裂した身体を湿布で「包み、つなぎ合わせる」ことで、患者にまとまった身体イメージを回復させる、そういう療法である。その間、看護人がじっと付添い、湿布の上からからだをマッサージする。ここでたいせつなのは、布という媒体が、身体に全体的な統一像を回復させるだけでなく、接触を呼び込むための場を開くということだ。患者の身体イメージは、脱衣・湿布・発汗という温度の変化によってさまざまに刺激を受ける。そして体表を包む水温は、患者の体温と看護人のマッサージによって変動する。その過程で、患者に許された唯一の表現である言葉と看護人の皮膚感覚のあいだに深いコミュニケーションが生まれてくる。ときに治療中に感極まってその場にいられなくなる看護人もいるのだという。皮膚感覚、それは身体の内と外の境界で発生するというより、自己と他者のあいだで起こる出来事なのだ。この意味でパックは、「全体シェーマを与えるだけでなく、接触を呼び込むための場を提供している」わけだ。

この「深いコミュニケーション」が、パックではなく衣服によって発生しているとき、その衣服はすぐれた意味でファッションとよばれるのだろう。ところが、衣服という「皮膚のコピー」をもつことによって、わたしたちは皮膚を衣服の内部にある「実質」に変えてしまう。意識の表面が皮膚の外部へ移行してしまうのだ。同じように、現在では、メディアを着ることで、わたしたちはフィジカルな皮膚を、(服の下にではなく) メディアのこちら側に内部化しているのかもしれない。ということは逆に、接触を呼び込む場としての身体(意識としての皮膚)は、現在では肉体の「ここ」という場所から外されて、都市空間のなかに散乱しているということである。意識の皮膚は、肉体の場所を離れ、メディアをとおしてさまざまな映像や音響に、いや情報の気配にすら、じかに触れだしている。現代の狩猟民の皮膚は、メディアの回路のなかを疾走するのである。そして現在のファッションとは、多くの場合、この回路の作りかたのことである。

この落差が、おそらくは、皮膚感覚というものを、もう一度たぐりよせる。衣服の場合、その視覚化、その記号化が極端にまで昂進したとき、触覚的な契機がそこに復活してくる（生地の触感、携帯電話のプルルルという振動、プラスティックのポップな感触などの事例については、第一部「テクスチュア感覚」をご参照いただきたい）。

彫刻的で触覚的な衣服

メディア論のマーシャル・マクルーハンもまた、衣服を皮膚と連続的なものとしてとらえる思想家だが、その衣服がしかし、一九六〇年代を一つの転回点として、視覚的なものではなく、「彫刻的で触覚的なもの」を強調するようになりはじめたと、彼は指摘した（この点についても第一部「テクスチュア感覚」ですでにふれた）。七〇年代に入り、こんどはわが国の「風俗学者」が、「抑圧された感覚をもふくめてすべての感覚が視聴覚、とりわけ視覚に翻訳される」文明からの揺り戻しがいま起こりつつあるとして、次のように書いていた。

ジンメルや今和次郎が、事物の表層と思えるものに執着し、その解釈に熱中したのは、彼の生きていた社会が、ふしぎな方向に進みつつあったからであろう。一つは文明の方向として。——視覚中心の文明がすごい勢いですすむと、他の感覚の抑圧がふかまり、そして抑圧されっぱなしだったそれらの感覚は、あるとき、歴史の皮肉が働いて、いっせいに視覚への反訳をもとめ、いわば反逆をはじめる。手ざわりを視覚化して素材感を出すというようにして……。感覚的、表層的なものが、かえってこれらの社会では、もっと深いものの表現であるという逆説が成立する。なぜなら、深い闇のなかにあったものが、反訳をもとめて浮かびあがるその場所は、理念の体系ではなく、感覚の表層なのだから。

（多田道太郎『風俗学——路上の思考』筑摩書房、一九七八年）

見える人には見えるものである。

ファッションは、ごく表層にあるからこそ、かえって見えにくい。のみならずそれは、現在、メディアのなかを漂流する身体性とメディアの外部でかすかに触知される身体性とをよりあわせながら、ますます見えないもののほうへ向かっているようにおもう。

身体と匂いと記憶と

〈わたし〉が引きずっている匂い

人体はほとんどが水分である。水をたっぷり含んだスポンジのようなものである。耳だれや鼻水、呑み込んでも呑み込んでも湧きでてくる唾液、身体じゅうから吹きだす汗、人体の開口部に滲む粘液、数時間で下腹がぱんぱんに張ってくるあの尿の分量を思いだすだけでも、いかに人体が水でたっぷんたっぷんしているかわかろうというものだ。もっと奥ではきっと、内分泌液だとかいろいろな液体の化学物質が生命中枢でエンジンオイルのように働きだしているのだろう。

この湿りがさまざまの塵や菌を含んだ空気に触れて、ひとの鼻腔を刺激する。水分が体内に吸収され、人体を隅の隅まで、汗腺や脳腔や膀胱の中の中までしみ込み、通過し、やがて排出される。だから、そのひとの体臭というものが生まれるのだ。そのひとの、というよりその身体の、と言うべきだろうが。他人はそのひとの匂いと感じ、じぶんはこれは身体の醸《かも》す臭いであって、それはわたしが引きずっているものであるにしても、わたし自身ではないと思う。わたしとわたしの身体のこのずれのなかで、香りのゲームが始まる。

だれかの匂い……。コルセットと纏足《てんそく》、この二つの残酷ともいえる服飾の習慣はふつう、盆栽を思わせるような身体の歪形という点から注目を浴びるが、ほんとうは匂いがこの習慣のポイントだという説がある。数年、長ければ十数年にわたって蒸らされてきたぶよぶよの肌の触感とそのきつい匂い、新婦の秘せられたそれに頰と鼻孔をすりよせて陶然とするのが、新夫の初夜の権利だというのである。

からだの臭い……。こんなのでわたしのイメージがつくられたらたまらないと、ひとは体臭のコントロールにやっきになる。香水をたっぷりふりかける、（デオドラント商品を使って）脱臭する……。透過性のない透明のヴェールでからだをラップしようとする。皺《しわ》とともに、体臭という、ひとがそれぞれに生きてきた時間の痕跡や澱を除去しようとするのだ。こうして、スーパーマーケットに並ぶ野菜のように、あらゆるひとが同じ均質の肌をもつことになる。〈わたし〉が身体よりも匿名的な存在になるというアイロニー。

香水が好きな男性というのは、案外少ないのではないかと思う。匂いがじぶんにつくのが煩《わずら》わしいということもあろう。が、それ以上に、同じ匂いをいろんなところで嗅ぐときの落胆からくるように思う。そっと汗を拭ったそのハンカチに残された匂いが、そのひとだけの匂いでなかったという落胆。香水はそのとき、かけがえのないあのひとの記憶ではなく、ありふれたタイプの確認をしかもたらしてくれない。で、がっかりして、退屈になって……。ひとが服を着るように、化粧をするように、じぶんの体臭をより魅惑的に演出するのは正しい。が、服に着られるのはみっともない。顔がうんと遠くに追いやられるのは悲しい。身体に浸透し、体臭と調合されているのでない香水の壁に比べれば、花や野草の刺激臭のほうがまだしもエロティック、と思う。

記憶と忘却の間の束の間の感覚

都市の匂いについても、たぶん同じことがいえる。飯田善国は『震える空間』（小沢書店、一九八一年）のなかで、Ｎ・Ｙの路面に噴きだす水蒸気の匂いにむせてふと獣の内臓を連想したと言う。「地下鉄への階段を降りてゆく時、私の鼻は鉄錆の匂いを嗅いだ。酸化鉄の匂いは、寂しくて優しくて、しかもひどく刺戟的だ。骨の中を吹き抜けて行く匂いだ。ああ、これがニューヨークの匂いだ。ああ、これがニューヨークの匂いだ、とその時思った」。瞬間、連想の炎が猛然と燃えひろがる。「パリは黴の匂い。ローマは太陽の匂い。ウィーンは生理中の女の匂い。ベルリンは水の匂い。ロンドンは煤の匂い」……。

はじめて異国の街に足を踏み入れたとき、異風のたたずまいや耳なれぬ言葉の喧騒とともに、あたりに漂う未知の香りや臭気を鼻腔にいっぱい感じて、ああ遠くにやってきたという想いが押し寄せてくることがある。が、やがてわたしたち自身が土地の食材や水や空気に内側から染めあげられる。毎日スパイスや香料をたっぷりとまぶした肉料理や香りのきついチーズなどの乳加工品を食べ、その匂いを指先にしみ込ませ、芳しいワインを飲み、煙草をくゆらせているうちに、わたしたちの体臭がその都市の匂いと溶けあってくる。旅先での食事は、この匂いごと味わわなければ意味がない。鼻を閉じておいしくいただくなど、ありえないことではないか。

場所とともに、時間もまた匂いを潜ませている。というか、匂いは記憶と忘却のあいだを漂っている。だれも知っているように、匂いはなれると消える。嗅覚は匂いにすぐになじみ、麻痺してしまう。つねにすでにあるものへの異和としてしか感知されないということ、これはわたしたちの欲望の寓話でもある。異和の感知、つまり束の間の感覚の記憶としてしか残らないもの、ということはつまり、つねに思い出としてしか再生できぬもの。この消失をこそ消費するのだとしたら、匂いの演出ほど贅沢な消費行為はない。匂いはきっと、記憶の最高のデコレーションなのだ。

哲学者の九鬼周造は、香水に魅せられ、チョッキの裏にそっと女性用の香水をふりかけていたと告白しているが、その彼も記憶以前の記憶にわたしたちを連れてゆく匂いについて美しい文章を残している。

今日ではすべてが過去に沈んでしまつた。そして私は秋になつてしめやかな日に庭の木犀の匂を書斎の窓で嗅ぐのを好むやうになつた。私はただひとりでしみじみと嗅ぐ。さうすると私は遠い遠いところへ運ばれてしまふ。私が生れたよりももつと遠いところへ。そこではまだ可能が可能のままであつたところへ。

（「音と匂」『九鬼周造全集　第五巻』岩波書店、一九八一年）

からだは孔が空いている

感覚神経が凝集する特異点

からだの孔というのは、不思議なパーツである。凹みや窪み、襞や皺にもまして、妖しいパーツである。まるでブラックホールのように、あらゆる解釈、あらゆる修辞をその空洞のなかに吸引する。

触覚は別として、わたしたちの主要な感覚器官は、身体の開口部に集中している。見ること、聴くこと、嗅ぐこと、味わうこと。眼、耳、鼻、口。指先とならんで、そこに感覚神経の末端が凝集している。

だからそこはまた、快感や興奮がある強度をもって発生する場所でもある。口唇、性器、肛門。

だがそれはまた、危険な部位でもある。呼吸、栄養摂取、排泄……。その孔をとおして生命維持に不可欠の物質が出入りする。ときに、人体にとってきわめて危険なものもそこから流入するし、体内にあるべきものがそこから漏出することもある。

わたしたちの存在の特異点ともいうべきこの部位は、しかもわたしたちの視野から外れている。男性の尿道口を除いて、わたしたちはみずからの身体の孔をじかに見ることができない。臍《へそ》という、閉じられた孔以外には。

だからそこに想像力が集中してくる。さまざまな意味づけ、象徴作用、妄想がそのまわりをぐるぐるかけめぐる。

〈顔〉という現象、〈肉〉という固定観念、パーツという表象。あるいは、〈像〉としての身体、〈器官〉としての身体、そして〈物質〉としての身体。身体をめぐるもろもろの観念群、表象群は、すべて、想像力のあおりを受けて生じためまいのようですらある。

観念や表象だけではない。身体への物質的な介入、つまり身体パーツの加工や変形、とくに塗飾や隠蔽といった操作が、これらの孔のまわりでなされる。アイラインにアイシャドー、口紅、ピアスにイアリング。そして性器と肛門の強迫的なまでの隠蔽。孔から侵入しようとする悪霊や疫病神を怯《ひる》ませるためという説もあれば、宇宙をもっと深く感じたい、もっとゴージャスに迎え入れたいという願望からくるという説もある。

「菫の優雅な眼は、彼が眺めているものの色におのれの色が染まるまで、青い空を眺めるのだ」――こう語るのは、シェリーだ。
「美しいものを見るためには眼が美しいことが必要だ。瞳のなかに美しい色彩が入るためには、眼の虹彩が美しい色彩を持たねばならない。青い眼がなければどうして青い空が真に見えようか？　黒い眼がなければどうして夜が眺められようか？」――これはバシュラールの言葉。

不浄、汚れの感覚と、孔

唾をたえず吐き出していないと、体液の汚染にじぶんの存在そのものが崩れてしまうように感じるひとがいる。便の漏出を自己の漏出と感じて、排便をぎりぎりまでこらえようとするひとがいる。現在あたえられているじぶんの身体像に深く幻滅して、じぶんの身体をおぞましいものとしてしか感受できないひとがいる。「トイレで尿と一緒に魂が流れていってしまった。それからは魂が抜けてファーンとしている」。あるいは「骨が鉄でできているように思う。（骨と骨が）すれると穴があいてしまう。子宮の中にへびかまむしが入っている。内臓の位置がふつうの人と違うように思う」。長井真理が『内省の構造』（岩波書店、一九九一年）のなかで引いている症例のなかの言葉である。

きれいとかきたないという感覚も、この孔に深くかかわっている。糞尿、洟《はな》と唾と痰、膿と血と精液。身体の内部から排泄ないしは分泌されるもの、それらがまさに孔を出入りするさまを、ひとは忌避する。くそったれ、はなたれ、よだれ。

「もしわたしが熱烈な愛を抱いてかれの涙を飲むことができるとしたら、かれの鼻先に付着した水滴を飲めないのはなぜなのか」、そうジャン・ジュネは問いただしたが、この不浄、この汚れの感覚は、身体のある状態から他者の存在へとイメージとして拡張されて、秩序とそこからの排除、差別と隔離という現象を発生させる。

「不浄もしくは汚物とは、ある体系を維持するためにはそこに包含してはならないものの謂いである」とは、『汚《お》穢《わい》と禁忌』のメアリ・ダグラスの言葉である。

危険なゲームを回避するためのゲーム

孔を出入りするものがアンタッチャブルとして忌避されるとすれば、孔そのものはつねに隠蔽される。いや、隠蔽されることで、真理の最終的な根拠として逆に捏造《ねつぞう》されると言ってもよい。

性器を見たいという高校生の夢と、推理小説の結末を知りたいという読者の欲望と、究極の真理に触れたいという哲学者の欲望とが同形のものだと指摘したのは、『テクストの快楽』のロラン・バルトであったが、そういう結末、そういう隠された真理へといいたる回路が設定され、かつそれがたえず宙づり（サスペンス）されていることで、これらの快楽はなりたっている。エンド・マークはいずれ打たれるはずのものでありながら、しかもいつまでも打たれてはならないものなのである。ここには人生の真理がかかっているのである。なぜなら、現在をつねにヴェールが一枚ずつ剝がされていく途上の点として意識させることによって、ヴェールの背後にはほんとうはなにもないという事実をこそ覆い隠すわけだから。人生の無根拠さを隠蔽すること、つまりサスペンス物語としての人生。

ジルベール・ラスコーがかつて書いたように、「裂け目や断層や傷口や孔のまわりで、ひとは夢見たり考えたりする」。しかし、モードはその夢に、もうひとつの夢として戯れかかる。メイクした口唇は、その空洞の奥深くになにかを呑み込んでしまう存在の開口部ではもはやなく、アクセサリーのような、モノ（＝記号）として閉ざされたものへと変換される。口紅は「男根的交換価値を受けとる印」に、つまりは「性的に充血し、勃起する唇」になる。「この唇によって、女性はおんなになり、男性の欲望は彼女のイメージそのものにしがみつくようになる」。このように言うジャン・ボードリヤールは、モードというゲームのなかでは、身体の「まぼろしの切断」、つすという。

まりは身体を線で区切る行為そのものが、欲望の対象としての身体の幻想化をもたら

ネックレス、指輪、長手袋、腕を締めつけるブレスレット、踝《くるぶし》に巻かれたアンクレット、そして素肌をちらちらさせる袖口、胸元、スカートの裾……。そう、衣服がぱっくり口を開けているところが、身体の「裂け目や断層や傷口や孔」にとって代わるのだ。あるいは、身体を透かし見せるトランスパランの生地、身体表面を鋭い線で区切る黒のブラジャーやガーターやストッキング、スリットを入れて身体をちらちら露出させるドレス……それらのすべては、タブー視されている身体の秘密の際にますます近づくことによって、身体を侵犯するようにみえてじつは逆にそれを回避する。記号が作用するその論理にますます深く組み込まれることによって、である。

皮肉な物言いをすれば、モードは、もっとも危険なゲームを回避するためにくりひろげられる、記号の「ちょっとアブないゲーム」だということだ。

下着という装置

ぶれはじめた人間の〈際〉

下着は最初に着る衣服である。ということは、最後に脱ぐ衣服でもある。わたしの服の下に潜んでおり、わたしのからだの上に密着している、わたしではないもの。あるいは、わたしともわたしでないものとも言いにくいもの。あるいは、そのどちらでもあると言えそうなもの。

〈際《きわ》〉という言葉がある。なにかと別のなにかを区別する境界、なにかが別のなにかと触れあうところ、なにかがなにかでなくなる場所のことである。

身体と外界との際にかぎらず、〈際〉というのはエネルギーが充満しているところである。たとえば水際。これは植物が生命力をきわだたせている場所だといわれる。防災のために水際をコンクリートで固めるのは、その意味では自然のいのちを抑えつけることでもある。〈際〉はまた危険なところでもある。町外れ、場末、国境の街がそうだが、そこはつねにきわどい場所である。

じぶんとじぶんでないものの境、身体と外界の境、つまり〈わたし〉の際についてはどうだろうか。〈わたし〉の際、それはまず皮膚であり、つぎに身体のいろんなところにある穴、つまりは開口部である。ついで身体の末端部、たとえば手足の指の先であり、髪の毛の先である。

これらの〈際〉は過敏である。鳥肌、蕁麻疹《じんましん》、湿疹というふうに、〈わたし〉とその外界とのあいだのトラブルは、しばしば皮膚のトラブルになって出る。人体の開口部となると、口であれ排泄器官であれ、文化的なチェック（きれい／きたないといった感覚）がとりわけきびしく、それに対してひとは意識過剰にならざるをえない。口や耳、眼といったふうに人間が顔の孔の空いた部分に装飾品をつけたり、排泄器官のまわりを布で覆ったりするのも、そのことと深いかかわりがあるように思う。そしてこの、身体にじかに密着する下着が、指先や髪とともに、人体のなかでとりわけフェティッシュになりやすいものでもあるのも意味深長であるが、その理由についてはここではふれない。

もういちど確認しておこう。〈際〉はなにかとなにかの境界面である。人間のばあいはまず皮膚であるのだが、しかしこの皮膚は衣服という第二の皮膚をまとうことによって、ぶれはじめた。

〈わたし〉の内部、〈わたし〉の外皮

いうまでもなく、服には表と裏がある。ふつう服の表といえば、じぶんの外から見える側、ぱりっとしていろんな柄や模様がある側をさす。裏といえばもちろん身体に近い側である。そして服のその表が〈わたし〉の表面にもなる。他人に服のなかに手を突っ込まれるシーンを想像してみよう。愉快なシーンではない。なんとなれなれしい、なんと無礼な、ということではきっとすまず、むしろ生理的にたえられないような危うさに、とっさにその手を拒むにちがいない。服のなか、そこはわたしのなか、秘せられてあるべきわたしの内部なのだ。このとき、下着もまたそこ、つまり〈わたし〉の内部にある。だから他人に上着の合わせ目から中に手を突っ込まれたり、下着姿を見られたりすれば、わたしたちは自分の内部を蹂躙《じゅうりん》されたような気がする。

ところが、室内でひとりでくつろいだかっこうでいるときでさえ、わたしたちは、申し訳ていどであれ万が一のことを考えて下着をつける。他人が突然押し入ってきてもだいじょうぶなように、「最後の部分」ははだけないでいる。下着は〈わたし〉の最後の被い、つまりはわたしの外皮なのだ。そうすると服の裏というのは、ほんとうは身体が最初に触れる外界の表面ということで、つまりは身体をわたしの表面とすれ

ば、それと接触する面が服の表になる。つまり衣服とは、わたしたちが最初に接する異物、いいかえると身体のもっとも近くの環境なのである。まさにそこにおいてわたしたちは、すべすべ、つるつる、ざらざらといった服のきめをじかに感じとっているのだ。

衣服はこのようにときに〈わたし〉の一部になり、ときに〈わたし〉のもっとも近くの環境となる。〈わたし〉の一部になったり、環境の一部になったりという、その反転がもっともダイナミックに起こるのが、インナーとか下着とよばれる衣料の場所である。

揺れ動く〈わたし〉と外界の境界

下着のことを近ごろはインナーと言う。下着といえば上着に対置されるのだから、インナーといえばいうまでもなくアウターに対置されているのである。いいかえると、下着が服の下に着るから下着とよばれるように、インナーは服の内側に着るからインナーとよばれるわけである。しかし、内と外、下と上、表と裏という区別は、じつはきわめて相対的なもので、なにを基準におくかで、下が上になったり、内が外になったりする。この基準はまた、時代や文化によって大きく変化する。たとえば、身体のどういう状態を裸と感じるか、何を「表」あるいは「上」とみなし、何を「裏」あるいは「下」とみなすか、身体のどの部分は公然と見えてもよく、どの部分は見えないように注意深く隠されるべきか、こういった解釈は時代によって、文化によって大きく異なるものであり、それとともに下着の意味も変化する。

下着とは、わたしとわたしでないものとの境界というよりは、むしろその二つがかさなる場所、つまり〈わたし〉であり、かつ〈わたし〉でないような、あるいは〈わたし〉の内部（インテリア）であり、かつ外部（イクステリア）であるような、曖昧な場所なのである。そして、〈わたし〉たちは皮膚と衣服の表面のあいだをたよりなく揺れ動くのである。下着はその意味で、服のもっとも裏にあるものともいえるし、服のもっとも表にあるものともいえる。服のもっとも奥まった部分をなして外からは見えないものともいえるし、身体にいちばん近い部分をなして身体の臭いや汗をたっぷり吸い込んだものともいえる。

こうして〈わたし〉と外界の境界は皮膚と服の表面とのあいだで揺れ動く。そしてそのあいだの一センチにも満たない隙間は、〈わたし〉であったり〈わたし〉でなくなったりと、なかなかにきわどいものである。そして他人の欲望、他人のエロティックな視線も、つねにそのきわどい場所を駆けめぐる。「身体のなかでもっともエロテ

イックなのは、衣服が口を開けている所ではないだろうか」（ロラン・バルト）

見られるものから、皮膚感覚へ

「欲望の曖昧な対象」ということばにもあるように、わたしたちの欲望は確定不可能なもの、曖昧なものに向かう。衣服のばあいなら、下着、つまり〈わたし〉のなかにあり、かつからだのまわりにあるという、あの曖昧な場所に、である。衣服は身体の表面に幾重もの襞を作りだし、そこに身体の新しい感触、新しいフォルムを出現させる。そしてそのことによって記号としての意味作用を増殖させてゆく。けれども下着は、見え〔てはいけ〕ないものとして、可視性の平面での意味作用をさらに多重化し、屈折させてゆく。見えないだけでなく、じかに皮膚に密着するものとして、薄暗がりにあるわたしたちの身体感覚にあやしく働きかけもする。下着というマテリアルの感触とわたしたちの感情や官能との深い関係がここにはある。

着ていながら見えない衣服、あるいは見せてはならない衣服……。それにしても、ひとびとはなぜそのような〈下着〉という装置を考えだしたのか。どうしてそんな装置にいともかんたんに翻弄されるのか。そこにはひとびとのどのような自己意識が映しだされているのか。

わたしたちは下着があるあの曖昧な場所に、いろいろな欲望の記号を書き込み、いろいろな神秘を宿らせる。欲望を高めるためである。そのなかにあるものを、もっとそそるものに変えるためである。そのために、《サスペンス》、つまり宙づりという、よくある手をつかう。たとえば、思わせぶりにわずかずつ見せながらきわどいところで視線を禁じる危うさの演出。そういうかたちで欲望をあおる。ヴェールごしにほのめかす。あるいは、「最後の部分」にいきつく前に何枚ものアンダースカートの幕を垂らせ、期待をもたせる。たとえば十七世紀のフランスでは、その幕に「しとやかな女」であるとか「浮気女」などという名前がつけられ、《ひとは「しとやかな女」の切れ目から「浮気女」をみることができたし、「神秘の女」をそっと持ちあげると両の踝をあらわにすることができた》などといわれたものである。男と女の誘惑のかけひき、そのもっとも効果的な場所、それが服と肌のあいだにあったのである。その後の《誘惑の劇場》としての下着の歴史については、解説などはいらないだろう。十九世紀の女性たちの妖艶な詐術《さじゅつ》が、あの黒のガーターや飾りのついた靴下どめをはじめとして、いまもランジェリー・ショップに精密に引き継がれているのはご存じのとおりである。

が、これはもう古い物語である。たとえば、誘惑のアイテムとしての「黒の三点セット」、それはいまでは、ノスタルジックな欲望のストーリーを演出するために、そしてそれに囚《とら》われた男たちをきりきり舞いさせるために、いわばあそびとして装着されるものでしかない。女性たちは、《ファム・オブジェ》、つまり男性の視線の対象としてのじぶんの存在を、もう、ずいぶん突き放して意識するようになっている。下着は、見られるものから、感じる器官そのものに変わりつつある。表面の視覚的な構成や配置から、それを身につけたときの微細な皮膚感覚へと、意識の焦点が移動してきたのである。想像力のはたらきかたが変わってきたのである。素材や装着感により大きな関心が向かうようになったのも、たぶんそのためだ。

ハイテク素材が刺激する未知の身体感覚

下着は、その内部にある身体についての意識にもさまざまな影響をあたえる。衣服を身につけているときのその皮膚感覚とは、身動きするたびに布と皮膚がふれあい、こすれあう感触である。からだじゅうでそういう接触やひきつれや密着の感覚が、たえず震えるように起こっている。その意味では、衣服をつけたときのこの感触は、わたしたち自身のバイブレーションであり、ざわめきにほかならないともいえる。

こうした感触のヴァラエティ、そしてその濃《こま》やかさは、近年のハイテク素材の開発で一気に増した。第一部でも触れたが、天然繊維のなかでももっとも細い絹のさらに一〇〇分の一の細さの超極細繊維を毛ばだててできたピーチスキンなど、ひとびとはいまそれまでの人類が知らなかったような未知のテクスチュアを経験しつつある。この超極細繊維とその織り、その加工によって、未知のテクスチュアだけでなく、超軽量の布地やあたらしい光沢の生地も生みだされてきている。そんななかで、このテクスチュアがわたしたちの未知の身体感覚を刺激する。あるいはそこに、身体の深みに淀んでいる太古の記憶がいずれ浮上してくるかもしれない。この〈わたし〉よりももっと古い〈わたし〉が、である。その意味では、皮膚はいまきわめて可変的な状態に置かれていると言ってよい。

ところで、下着にはこれまで三つの機能があるとされてきた。皮膚を柔らかく包む肌着の機能と、衣服のフォームを裏面から整えるファンデーションとしての機能と、滑りをよくして重ね着の抵抗感を少なくさせるランジェリーの機能とである。現代女性の下着は、これらの機能をひとまとめにしたり（ボディスーツやビスチエ）、そのいくつかを省略したり、あるいはそのままアウターとして浮上させたりしている。現にストリートでは、柔らかなキャミソールやランジェリーをそのままアウターとして着たり、ワンピースの上にさらにランジェリーを羽織ったりと、インナーとアウターの境もひどく揺らぎだしている。

そのかぎりでは、スリップの売り上げの激減にみられるように、下着というのはどんどん省略される傾向にあると言ってよい。が、これは別の言い方をすると、インナーの制作・改良に注ぎ込まれてきた膨大なノウハウがアウターのなかに深く浸透しはじめたということである。絹のような肌ざわりとかストレッチ素材のもつ伸縮性など、触感に意識を集中してきたのが下着デザインである。〈第二の皮膚〉という服の定義にかぎりなく近接するであろう未来の服は、下着産業とスポーツウェア産業がこれまで蓄積してきたこれらの知と技術に大きく依存することになるだろう。

マネキンという形象

「生まの身体」は存在しない

下着とマネキンは、それぞれ〈衣〉の文化における二つの対立する契機の交差点である。下着は、物質であるとともに記号でもあるという、衣のもっとも基本的な二重性をもっとも典型的に浮かび上がらせるものである。すなわち、生きた身体の排泄物や分泌物や匂いを吸い込んだ、身体に密着する物質としてのアンダーウェアという契機と、誘惑と節度の記号としてのアンダーウェアという契機との。同じようにマネキンもまた、意味と〈死せる〉物質という二つの契機の戯れのなかにその存在がある。すなわち、ステレオタイプとしての意味だけで構成された物質として、意味がほとんど消失した、むきだしの物質性においてである。ここでは、マネキンのこの二重性について考えてみたい。

下着という装置について語ったときにベースにあったのは、〈像〉として想像的にたぐりよせられる「わたしの身体」がわたしが身にまとう最初の衣服なのだという考えであった。この〈像〉としての身体の対極に、衣服を剝《は》いでむきだしにされた裸体（ザ・ネイキッド）がある。それは、あの目のつまった、ほころびのない表面としての「ヌード」――これもまた〈像〉としての身体である――ではなく、衣服を剝がれて無防備になったあの丸裸の身体、あるいは、剝がれているという、欠如そのものをさらしているような、傷ついた身体のことである。そしてそれが何よりも傷つきやすいのは、身体が衣服という身代わりの皮膚を剝がれて――最初の皮膚はもうない――、みずからを閉じえない状態にあるからである。皮膚の閉じ目がほつれてしまったのだ。これに対して、同じ裸でもヌードが強いのは、その表面を「意味」という透明のヴェールで隙間なくコーティングしているからである。言いかえると、意味の衣服を着て、みずからの存在を封鎖しているからである。ヌードは形象のなかの形象とでもいうべき無欠性（integrity）においてあって、だからロラン・バルトも言うように、それは「もはや倒錯的ではない」。とすれば、服という被いを剝がした無垢《むく》の身体は、ヌードとともに、衣服によって作られたものだといえる。

だから、衣服ということの意味を最初の衣服としてのわたしの身体の〈像〉や刺青《いれずみ》などの身体塗飾まで拡張して「身体の被い」というふうにとれば、衣服を着る以前のオリジナルな身体などというものはもはや存在しない。むきだしの、あるいは無修正の身体など一度も存在したためしはないのであって、衣服を剝げば、衣服が刻印したそのちょうど凹み、つまりは衣服の陰画が見えるだけだ。だからボディ・コンシャスなミニドレスではないけれど、服を着たまま裸になるほうがもっと効果的だということにもなるのである。いやそれよりも、ここでは、服を着ることでもっと裸になるという手法に思いをはせるべきだろう。

衣服を着る以前の「生《な》まの身体」、オリジナルな身体など、どこにも存在しない。そして、「生まの身体」というこの観念をわたしたちの身体経験から放逐《ほうちく》するのが、刺青やピアシングだろう。でっち上げられた「無垢なる根源」としての身体を消去する行為として、刺青やピアシングはあると解釈することもできる。

無表情の妖しさ、不気味さ

では、「生まの身体」ではなく、マネキンという人体の形象はどうだろうか。マネキンは一見したところ、生物学の教室の人体模型のように、原型としての「生まの身体」を忠実にコピーしたオブジェのようにみえる。が、なにかが欠けている。

覆いが欠けている、個性が欠けている、リアリティが欠けている、いのちが欠けている。不在、空白、喪失、凹み、陥没、欠損。どうにでも表現できようが、ともかく欠如ということがマネキンの最初の特徴をなしているのはまちがいない。

マネキンは、アニメの登場人物のような想像上のキャラクターを立体化したもの(シミュラークル)ではなく、人形のようにかわいいミニチュアの愛玩物(欲望の投影対象ないしはその代理)でもなく、蠟人形のように実在の人物の複製(コピー)でもない。想像的な形象であれ実在の人物であれ、そこには指し示される何かがない。イメージがそこへと収束していく何かがそこでは消失してしまっているのだ。

この欠如、この消失によって、マネキンが映しだしているものとは、いったいなんだろう。

マネキンの顔、マネキンのボディ。それはもはやステレオタイプとすら言いえないほどに平準化された表情をしている。表情がないということくらいしか言えないほど表情はない。それほど無表情である。それはディスプレイのなかで、コスチュームやボディ・イメージの部分としてそれらを演出しながらみずからは影に隠れる。が、それはときに、その無表情性によって、わたしたちの視線を吸い込んでしまう。それはときに、それが置かれた空間を凍りつかせる。それはときに、わたしたちをその存在の芯から震え上がらせるような妖しさと不気味さをかもす。なぜだろうか。

安っぽいコピーのもつ存在感

マネキンは、ファッションの世界では長らく脇役だった。マネキンは服を見せるためのボディ（人台）であって、それ自身が主人公になるということはなかった。ところが、七〇年代に三宅一生が「ボディ・ワークス」という展覧会をおこなったときから、マネキンの固有の存在感というものに視線が向けられるようになる。それと同時に、素材もそれまでのものとまったく異なった素材、たとえば針金や透明アクリルの皮膜、ポリ袋などが使用されるようになる。マネキンのフォルム、人体を模したものからかけ離れだして、ついにはマネキンじたいが一つのオブジェとして独立する領域を構成するようになってゆく。

マネキンがファッションの世界でしだいに固有の存在感をもちだしたその理由の一つには、言うまでもなく、プレタ・ポルテという商品形態の比重が相対的に大きくなってきたということがある。複製技術、とくに大量生産技術の急速な発達にともない、化繊の素材も精巧で安価に製造できるようになり、プレタ・ポルテが、かつてのオートクチュールの世界に代わって、コレクションの主流になってきたことと関連がある。つまり、デパートをはじめとして、ボディとしてのマネキンの需要が一気に増したのである。

そのような過程を経て、八〇年代にファッション・デザイナーたちは、「フェイク」と呼ばれる一種のまがいもの感覚のもつ独特の存在感をデザインの対象にしはじめた。たとえば、シルクのような肌ざわりをもつ化繊素材は、天然のシルクからすれば、あきらかにまがいものである。ところが、優れたデザイナーの手になると、こういうまがいものそれ自身が天然素材とは異なった独自のリアリティをもったオブジェとして空間を構築していくようになる。これまでの本物志向、いわゆるハイ・テイスト、グッド・テイストといったファッションの審美感に対して、まがいものやキッチュのもつ新しいリアリティを対置しようというのである。このことは、マネキンという、均質的な表情と肌理《きめ》とプロポーションの安っぽいボディのコピーたちが、一体一体「芸術的」なオブジェとして彫塑されたものより以上にリアリティをもちだしている、という状況と深く関連しているようにおもえる。

マネキンを見たときに、わたしたちが発見する一番わかりやすい特徴をまず取り上げてみると、素材が安っぽいということがある。マネキンの初期の段階からみても、紙粘土のように固められた紙であるとか、木、合成の木材で作ったケミ・ウッド、あるいはＦＲＰと呼ばれるガラス繊維強化プラスティック、また、針金、ポリ袋、透明アクリルなど、マネキンに使われる素材は、つねに安っぽいものが多かった。それに、マネキンは各部分がかんたんに取り外しできるし、不安定ですぐにひっくり返ったりもする。

このように、マネキンがもつイメージの特質としては、まずは〈安っぽさ〉と〈もろさ〉とがある。言いかえると、見ていてどこかたよりない、何かが欠けているという感じ、あるいは、あらかじめ何かが失われてしまっているという不在もしくは喪失の感覚が、マネキンにはつきものである。

それに、動きはぎこちなく、姿勢にも不自然なところがある。手は取り外し自由で、なかは空っぽだ。棒で支えるために左のお尻の後ろあたりに穴も空いている。このように、マネキンは壊れやすそうで、無表情で、あらゆる表面を外にさらして、痛々しいほど無防備な姿をしている。それに、運動せず、感情や人格もなく、からだは硬直している。意志を持たず、外力に対していうなりになる。時間が凍結されており、歳をとることもない。このようにマネキンはかぎりなく人間に近い外見をしていながら、わたしたちが人間的ということで思い浮かべるあらゆる要素を欠いている。

それにしてもこのようなマネキンがもつ固有の存在感とはいったい何だろうか。

だれでもないという、個性のなさ、ステレオタイプのイメージを、だれかであること、つまりアイデンティティから、脱落したいという、わたしたちの心の奥底にある疼《うず》きのようなものとしてとらえかえし、それを《アノニミティ》（無名性、匿名性）への誘惑ということばでとりあえず呼んでおこう。たよりなさ、つい他人の攻撃性を誘発してしまうような無防備さを、さしあたり《ヴァルネラビリティ》（傷つきやすさ、攻撃誘発性）という概念でとらえておこう。《アノニミティ》と《ヴァルネラビリティ》という、ふつうネガティヴに理解されているこの二つの契機が、逆に、マネキンを前にしてわたしたちが引き込まれる独特の魅惑のエッセンスをなしているのではないか、そういう予感がわたしにはある。

「じぶんらしさ」の強要に空いた孔

わたしたちの生きている社会というのは、ひとびとにだれかであることを強要する社会だ。だれであるか曖昧であるということは、わたしたちの社会では許されない。わたしたちは子供のころから、大きくなったら何になりたいか、結婚したらどんな家庭をもちたいか、どんな父親になりたいか、などといった質問を、おとなたちからくりかえし向けられてきた。こういう問いをつうじてわたしたちに要求されているのは、わたしたちがつねにだれかでなければならないということ、つまりアイデンティティの自己提示である。男か女か、おとなか子どもか……わたしたちはそのどちらかでなければならないのであって、どっちつかずでいること、つまり正体が不明であるであることがいちばん困ると、つねに社会から無言の圧力をかけられてきたのだ。「じぶんらしさ」の強要、それは地下鉄のなかのファッション雑誌の吊り広告でおなじみのものだ。じぶんがだれかよくわからないままに、じぶんらしくあることにこだわる。皮肉な言い方をすると、みんな何かの社会的な意味に憑《つ》かれなさいというわけだ。おとなになるための「教育」とは、その意味でみな基本的にはこの社会の成員になるための「集団洗脳」のことなのである。ファッション・ディスプレイや広告コピーはそれを煽《あお》る。

マネキンは、そういうディスプレイの一部としてそれを構成しながら、同時にそこにひそかに孔を空けてもいる。社会的な意味やイメージにとり憑かれたそういう身体の表面のすきまに、かすかな空隙をつくりだす。だれのものでもない無名の〈顔〉、未だ社会的な「わたし」の顔として限定されていない没表情が、からだの表面によぎるのである。

穏やかで、危なっかしい存在

マネキンの顔を見てみると、当たりまえと言えば当たりまえのことなのだが、だれかでなければならないというオブセッション（強迫観念）が、そこからきれいに脱落していることがわかる。そのぶん見ようによっては、マネキンの顔ははじめこそ何か異様に感じられるが、じっと見ていると逆に人間の顔よりもはるかに穏やかに見えてくることがある。

それは、わたしたちが時代のなかでほぼ習慣的に抱くようになっているステレオタイプの身体イメージであると同時に、他方でわたしたちの無意識を引きずりだしもするのだ。わたしよりももっと古いわたし、わたしの、名をもたぬ無名の基底であるような存在次元を、まるで幽霊のようにふっと浮かび上がらせもするのである。それは、アンソールやキリコが、面のように類型化された群衆の顔や、のっぺらぼうに陥没した顔たちの無名の風景をつうじて浮かび上がらせていたものである。

表情以外にさらにもう一点、マネキンに特徴的なことは、頭のてっぺんから足の爪先まで、その表面のテクスチュアがモノトナスであり均質的であるということだ。人間のからだにはふつう地勢図のようなものが描かれているのであって、身体じゅういたるところがそれぞれに価値づけされているのに対し、マネキンのボディにはそういう価値づけがなされていず、すべての場所が等価である。もう少し具体的に言うと、だれかという人格を考えるとき、わたしたちは顔面に圧倒的な価値を置いている。人格が顔面に収斂しているのだ。あるいはまた、欲望というものは、何も生殖器官のある場所にあるわけでもないのに、わたしたちの観念のなかでは、欲望は生殖器に集中し、いわゆる性感帯を駆けめぐるかのようにおもわれている。服を着るとその差異性は一気に増殖・拡大する。布きれ一枚で覆うだけでも、身体の表面にさまざまな差異が発生するのである。たとえば布きれで覆われている部分はプライヴェートな身体として、露出している部分はパブリックな身体として差異化される。

本来、空間的な局所化になじまない意味をこのように身体の表面に、見えないかたちで、あるいは見えるかたちで書き込むこと、それは人間にとってもっとも原初的なフェティシズムの一つだとおもわれる。そしてこのフェティシズムをそっくり解除・脱落させたのっぺらぼうの身体こそ、マネキンのボディなのだろう。マネキンにおいては、頭も、胸も、腹も、脚も、膝も、すべてが等価だ。それが、もうそんな意味にこだわることをやめなさい、という潜在的メッセージを発する。そのことがわたしたちに、底知れぬ穏やかさの印象を与えるのではないだろうか。そして、もはやだれかであることをやめてからのじぶんというものへ、わたしたちの想像力を引っ張っていってくれる媒体になりうるのではないだろうか。

もちろん、こういう曖昧さは物騒なものである。その存在を匿名化することで、市民としての生活のいろんな規範を緩めてしまうのだから、かなり危なっかしい可能性ではある。そういう危険な可能性が、マネキンのおぞましさを構成する。おぞましさと安らかさ、この対立するものの共存、対立する意味の揺れ、それがマネキンの誘惑の核をなしている。

マネキンに感じる《別の世界》

マネキンのもう一つの特質、《ヴァルネラビリティ》についてはどうか。マネキンはどういう意味でヴァルネラブルなのか。マネキンをじっと見ていると、どことなく攻撃的な怪しい気分になってくるのはなぜか。

それは、マネキンが人間そっくりでありながら意識をもたないので、まるで物体のようにどうにでも意のままに処理できるからではないだろうか。意のままに処理できるということ、これは何かを所有することの本質だ。マネキンの怪しさはその意味で、他人を疑似的に所有するわたしたちの欲望を映しだしていると言ってもいい。マネキンは、床にひっくり返すこともできるし、腕を外すこともできるし、胴体と頭を逆向きにすることもできる。そういう意味で、マネキンというのは何かわれわれのなかの攻撃性を誘発する。あるいはそういう内なる攻撃性を、わたしたちに直視させる。マネキンはオブジェのように、ゴロンと転がしてもてあそぶ、一種の攻撃性というものを刺激する危なっかしいものなのだ。ハンス・ベルメールの人形がそういう攻撃性をみごとに形象化している。

と同時に、わたしたちはそういう危なっかしいマネキンにじぶん自身を同一化し、そうすることでじぶん自身の傷つきやすさに直面する。じぶんの存在が今度はマネキンのようになり、そしてそういうじぶんをほかならぬじぶんが傷つけているという、そういうサイコ・ドラマが、マネキンをじっと見つめているうちに発生しはじめる。マネキンには、わたしたちのなかにある攻撃性を誘発すると同時に、じぶん自身をその攻撃性のターゲットにするという一種の自虐性へとそれを転換してゆく、そういう怖い心理状態へとわたしたちを誘うところがあるらしいのである。それが、マネキンの漂わせる妖しさの秘密である。

これは、じぶんのなかにあってじぶんではどうにもコントロールできないような動性に身を委ねてしまいたいという誘惑ではないか、と考えられる。恋愛というのもそうした衝動の一つだ。異性とののっぴきならない関係にじぶんを巻き込むことによって、巻き込まれたじぶんをそのなかで無理やりに変えてしまう、そういう事態への誘いが、わたしたちのなかには欲望としてあるのではないか。そういう意味で、マネキンを見ているときの胸苦しさのなかには、じぶんがコントロール不可能なものになる、あるいはじぶんの内部のある制御不可能なものによってじぶんが翻弄される、そういう事態への誘惑が見いだされる。

この無力さ、あるいはヴァルネラビリティ（傷つきやすさ、攻撃誘発性）という、わたしたちの存在の原型とでもいうべきものを、わたしたちはマネキンという形象に感じてしまうのだ。集団ではなく、一対一で人間がマネキンの前に向き合ったときの、そのどうしようもない胸苦しさというのは、たぶんそういうところからきているようにおもわれる。

マネキンは、「わたしよりももっと古いわたし」へとわたしたちの視線を連れ戻す。そして、消去された可能性、抑止された可能性をも同時に浮上させる。そうでもありえたかもしれない《別の世界》を、わたしたちの日常の光景のなかに突如出現させるのだ。そういう意味で、マネキンは社会とその外部との境界に、つまりは社会の〈際〉に位置するものであるといえるだろう。

デザインされる肉体

公示される身体

フローレンス・グリフィス・ジョイナー。あるときは左右非対称のワンレガーのボディ・スーツを装着し、あるときはオールインワン・スーツで頭から爪先までボディをすっぽり包み、フェイスもヘアもネイルもパーフェクトにメイクして、彼女はスタートラインにつく。次の瞬間、空気を後ろ髪のように引くような艶《あで》やかなフォームで、ゴールを駆け抜ける。鍛え上げられた両腕を天に掲げて……。それはまるで疾走するパーフェクトボディ、美しいマヌカンのようだった。

同じ八〇年代、マドンナは下着をそのままアウター化したジャン・ポール・ゴルチエのコスチュームにそのシェイプ・アップされた身体を包み、ワールド・ツアーのステージで踊る。街に目を移せば、バスケット・ボールの短パンをはいた若者たちが群れをなす。

そして九〇年代、サッカー球場にフェイス・ペインティングをし、ひいきのチームのユニフォームを着たJリーグのサポーターたちが総立ちで応援する。スポーツは観られるためにある。古代ギリシャの格闘技でも神社の奉納相撲でも、オリンピックでもプロ野球でも。

身体の公示。そしてそこには異装ともいうべきコスチュームがつきものであった。その異装は、時代を経るにしたがって儀礼服へ、カジュアル・ルックへとスライドしてゆく。実際、ヨーロッパでは、前世紀末から一般市民がスポーツに興じるようになり、さらに女性たちもそれに加わるようになって、スポーツウェアも日常のファッションと相互に浸透しあうようになった。テニス、ゴルフ、アーチェリー、乗馬、登山、水泳、サイクリングのコスチュームがそれぞれに編みだされ、カーディガンやジャケット、Vネック・セーター、ニッカボッカーがまずは男性のカジュアル・ウェアとしてファッションに参入してくる。ブルーマー（ニッカボッカー）はラショナル・ドレス（合理服）と呼ばれ、女性のスポーツウェアとしても定着してくる。それが、のちにサロペットになり、ホットパンツになり、短パンになる。

そして一九二〇〜三〇年代のシャネル。彼女は、「カーディガン、ツイードのジャケットやパンツ、ジャージーの服、マリニエールといった、テニスやポロ、ゴルフ、ヨットを楽しむ英国紳士が優雅に着ていたスポーツウェアを、女性服に取り込んだ。

これらは、衣ずれの音がする布の重なり、フリルの波の中で何もしないで暮らす第一次大戦以前の女性とは対照的な、活動する女性の服だった。やがて、'20年代を代表する〝ギャルソンヌ（男の子のような女）〟ファッションとなり、20世紀女性服の基礎《ベース》となっていく」（深井晃子『20世紀モードの軌跡』文化出版局、一九九四年）。

もう一人のファッションの女王、スキャパレリがパリでデビューしたときに開いたのも、「スキャパレリ・プール・スポール」という、スポーツウェアの店だった。

記号としての身体

スポーツウェアは、日常の行為にみられるような社会的な文脈というものを、きれいさっぱり解除する。発声をエスペラントに変換するように、身体とその運動を純然たる約束事の世界に置き入れるわけだ。歴史的な条件やコンテクストから身体を外すことで、それを被うコスチュームにおいても大胆な抽象化が可能になる。

具体的にいえば、それは社会的な意味づけのコンテクストを外すことによって、衣服は二重の純粋化をおこなう。まず、服装がゲームによってのみ規定される純粋記号に還元される。チームカラーと選手番号のみを指示する、原色を組み合わせたデザインのユニフォームである。それと同時に、ユニフォームのデザインにおいて、身体の運動性のみを顧慮するような機能性の徹底した追求がなされる。つまり、軽くて動きやすい生地と形の追求。それはちょうど、西欧のデザイナーたちが、きものに出会うことによって、衣服を身体から離すことで衣服のシルエットをそれまで以上にフレクシブルにし、あいだにたっぷり空気をはらみこんだ直線裁ちの幾何学的なフォルムをも衣服デザインに取り込むことで、ファッションの可能性を広げたことと似ている。

身体を純粋な記号へと還元する操作から見てゆくと、近代スポーツには、規則さえ遵守すればだれでもメンバーになれるという、（科学の場合と同じような）市民社会のモデルとして機能する面がある。それはスポーツから特権的な階級性を消失させていくという方向で展開していったのだが、それが見せ物の装置という元来の機能にも影響を与え、見るものと見られるものの分割という点は保持しつつも、人間は可変的にしておいて、見るものと見られるものの交感や交替（互換性）を強めていった。一種のロール・プレイングの機能を強めていったのである。それとともにウェアも、ひとを《属性》へと還元するという制服としての機能（メンバーの匿名性・交換可能性の演出）へと純化されていった。

ユニフォームにおける単一の《属性》への個人の還元。それを指示する記号としてのスポーツウェアの意味は、したがって、それが他の記号と織りなす《系》に言及することなしには論じえないであろうが、それについてはもう少し先でふれることにして、さてそういう見るものと見られるものの互換性は、するもの（ドゥーイング）としてのスポーツの面を強化する。ジョギング、トライアスロンがその典型である。それとともにコスチュームはさらに機能的に純化しだす。機能的な純化といっても、もちろんそれはリアルな社会的身体を純粋なボディへと抽象＝捨象したうえでの身体にとってのものにすぎないが。引退後のチャンピオンの悲哀もそこにあって、チャンピオンは市民の生活着に着替えることで、丸裸になってしまうのである（ここで大急ぎでつけ加えておけば、制服のエロティシズムもまた、この個人への一義的な意味への拘禁、ないしは単一の属性への還元に由来する）。

皮膚としての身体

すでに述べたように、近代スポーツのコスチューム・デザインは、身体を純粋なマテリアルとしてのボディに還元する。言いかえると、身体をその物質性と形態と運動性からのみ規定しようとする。そこで、とりわけ運動的な機能性のために、コスチュームとしては、より軽いもの、より抵抗の少ないもの、より柔軟なもの、動く身体にフィットするものが、素材として求められることになる。

が、それと同時に、それらのコスチュームはある見えない効果をもつ。それは可視的記号としてのウェアではなく、装着されるものとしてのウェアがもつべき効果である。とりわけ素材のハイテク化によって、装着感が希薄になるというよりはむしろその新たな薄膜がいわば第二の皮膚となって、そこから別のさまざまな波及効果を発生させる。とくに競泳水着やスキー、アイススケートの分野での新しいテクスチュアの開発は目を見張るものがある。

さてその波及効果というのは、身体に密着し、圧力をかけることによる身体内部への効果である。まず、スポーツウェアは通常の下着のような、産毛のように柔らかいテクスチュアをしているわけではない。むしろ着はじめは、まるで素肌をコンクリートにあてたときのような異質感がある。その薄膜は、鎧のように身体を保護するどころか、逆に運動機能に照準を合わせすぎているくらいで、薄すぎ、なんともたよりなく、冷《ひん》やりとした感触に不安になるくらいである。それが、運動しているうちに何度も皮膚と擦れあい、汗が繊維にしみ込み、体温も上昇してきて、そのうち皮膚と一体化するまでにだんだんなじんでくる。服に合わせて身体のほうが変化するのだ。そのときウェアは、蜉蝣《かげろう》の羽か、蛇の脱皮した薄皮のように、ほとんど筋肉のまわりを漂うだけになって、身体のほうがむしろ派手な衣服よりはるかにポテンツを上げることになる。膚《はだ》と肉が〈わたし〉の被い＝衣服そのものになってしまうのだ。

と同時に、特殊な樹脂膜を塗った軽量で弾力性があって吸いつくような肌理をもつ極薄のウェアは、身体を締めつけ、皮膚呼吸を制限することで、われわれの内部的な感覚神経系を新しいゾーンに転位させる。それはエナメルやラバー、ビニール、毛皮などをじかに身につけるフェティッシュなファッションや、身体を密封するウエット・スーツや宇宙服、あるいはさまざまの拘束衣と同じように、皮膚と内臓、温感と痛感、視覚と触感などとの思いがけない交感を発生させたり、分泌の活性化、開口部の充血、筋肉の微細な痙攣などを引き起こしもする。言ってみればスポーツウェアには、ケミカルではないフィジカルなドーピング効果もあるのである。あるいは、メンタルな次元で人格変容を引き起こす媒体として機能しもするのである。ちなみにファッションの分野でも、かつてヘルムート・ラングが皮膚と接触する場所の温度差によって発光色が変化するようなドレスを開発して話題になった。下着とスポーツウェアはいまや、保護膜である以上に、それ自体がますます感覚する表面になりつつある。そしてこれによって引き起こされる感覚変容が、新しい身体空間と衣服空間を再編成してゆく。

身体の構造変換

それにしても、単一の属性への個人の還元（服としては記号への還元）と、物質性・運動性への身体の還元（服としては皮膚への還元）とがめざしているものは、いったい何だろうか。それはすでに見たように、まずは身体性の攪乱《かくらん》として現象していた。それは、「身体技法」、すなわち身体の使用法の再編成であり、感覚（とくに視覚と聴覚、視覚と触覚とを交叉させるシネステジー（共感覚））の布置の転換であり、さらには圧縮したスピード感や跳躍感をそれに加えることによる身体性の環境そのものの変容であった。とくに最後の運動性は重要で、激しく跳躍し疾走することで、空間にへばりついた身体をその場所性から解除する。身体を強度と速度へと純化すると言ってもいいし、身体をたえず空間のなかで再配分すると言ってもいいし、もっと直截に、自分が運動することで空間を撓《しな》わせ、空間の密度と位相を変換すると言ってもよい。身体はみずからと空間との関係をたえず変容させながら（背中でチームメイトの移動を感じ、脚先でライバル・チームのフォーメーション変換を微視的に分析しながら）、その隙間を疾走するのである……。身体のすみずみまで感覚器官となり、運動のなかでそのつどの瞬間に異なった位置価を得る。そういうかたちで身体を組み換え、脱中心化するそういうシミュレーションとしてスポーツのゲームはあるのだ。

もっとも、そういう過程は単体としての身体において発生するのではない。ゲームはまた、メルロ＝ポンティのことばを用いて言えば、複数のボディが一つの系のようにして相互補完的・相互変換的に連繋《れんけい》している《間身体性》（intercorporéité）のシミュレーションでもある。そのつどの配置関係に応じて機能する複数の肢をもつ間身体性においては、個々の単体としてのボディはその間身体性の器官《オルガン》にすぎない。ユニフォームはここでも、個々の身体の人称性を消去して、それを一つの系の部分肢に変換するために不可欠だ。それに、単体の中枢神経を外在化して、複数のそれをまるで編みなおしたような緻密なフォーメーション・プレイは、まるでその間身体性の極度に可塑的な神経機構のシミュレーションであるかのようだ。そしてフェイス・ペインティングをし、選手と同じデザインのユニフォームを着た観客が、さらに選手たちのその間身体性のなかへ参入してゆく。球場が一体化するというのは、そういうことを言うのだろう。間身体性がさらに編みなおされるのだ。まるでテクノ・ロボットのように、間身体性が隙間も緩みもなく作動しだす……。ゲームはまさに間身体性の回復と組み換えの練習としてある。

エクササイズとボディ・デザイン

そうした身体技法の組み換え、つまりは身体の運動性の訓練は、言うまでもなく、フィジカルな身体の改造をともなう。身体を過酷な運動やスピードに耐えうるものにシェイプ・アップしてゆく過程で、身体はかぎりなくヌードに近づいてゆく。それは裸体に近づくという意味ではない。ヌードもまた緻密な肌理をもった身体の衣裳の一つであって、まさにそういう衣裳としてのヌードに、シェイプ・アップされたボディが近接してゆくという意味である。何なら端的に、身体《ボディ》が服《コスチューム》に変換すると言ってもいい。スポーツは、服の下にあるオリジナルとみえる身体そのものを変換する作業、つまりは身体を衣服に変える行為なのだ。

身体のシェイプ・アップ、身体の改造。それは、引き締まった身体、ブヨブヨでない身体を作る行為、つまり身体の余分な厚みをゼロにしようとする行為であり、そして、まるで外界とすきまなく連結されているかのように環境に鋭敏に感応する身体を作る行為、つまり身体の残動をかぎりなくゼロに近づけようとする行為である。

完全な身体？　そう、これは現代の「エクササイズ中毒」とほとんど交錯している。「皮下脂肪が少なく、エクササイズによって鍛えられ、引き締められたからだ」というあのパーフェクト・ボディの幻想である。一九六〇年代後半に起こったジョギング・ブームから、最近のフィットネス・ブーム（ヘルスクラブやウエイトトレーニング・ルーム、フィットネス・センター、エアロビクス・クラブにおける）まで「身体の製造」（メイキング・ボディ）は、脂肪除去や皺のばしといった「美容外科手術」、さらにはボディにぴったりフィットする服と連繫しながら、まさに存在の完璧な《フィットネス》を志向している。健康な身体とシェイプ・アップされた肉体と貼りつくように身体を被うコスチュームという三重の意味でのフィジカル・フィットネス！　それはいま単体のボディの表面で夢みられている。そのためにひとびとは、フィジカル・コントロール（身体管理）に心を配り、フィジカル・エクササイズ（身体訓練）に汗を流し、ボディ・コンシャスな服を装着するのだ。まるで、もって生まれたその身体がよほど気に入らないかのように、ひとびとは自分の身体の改造に高額の費用を投入してとりかかっている。

1985年、フィットネス・ブームの最盛期。アメリカの歴史上類を見ないほど多くの人が運動に励み、低脂肪のダイエットに徹していた頃、『サイコロジー・トゥデイ』誌が人々は自分のからだについてどんなふうに感じているかという大規模な全国的調査を行った。同誌は、アメリカの人々がワークアウトを始めたり肉食を減らしたりする前の1972年にも同様の調査を行っている。

二度の調査結果を比べると、驚くべき事実が判明した。私たちは以前よりからだに対してずっと気を使うようになったにもかかわらず、自分のからだが嫌いになってきているのである。１９７０年代初めと１９８０年代半ばを比べると、研究対象となったすべての領域においてアメリカ人は、自分のからだに対しての満足度を下げてきている。自分の体重に不満を持っている人が増え、質問されたからだの各部位、顔、胸、腹部、腰回りのいずれについても気に入らないという人の数が増加していた。エクササイズ革命が起きたにもかかわらず、私たちは以前より強くなったとは感じていない。１９７２年に自分の筋肉のひきしまり具合に満足していない女性の数は30パーセントだったのに対し、１９８５年には45パーセントにはね上がった。男性においては、25パーセントから32パーセントに増加した。

バリー・グラスナーの『ボディーズ』（小松直行訳、マガジンハウス、一九九二年）から引いたデータだが、そこにはもう一つ別のショッキングな統計が報告されている。それは一九八六年のギャラップ社の調査で、「正しい方法を守っていれば、健康でいられる」という考え方に、アメリカ人の九三パーセントが同意しているというのである。「病気になったのは自己管理を怠ったせいだ」と考えられているわけだ。身体管理が一つの強力な道徳になっているわけで、健康を損なうのは「克己心や努力がたりない」からだという論理が強迫観念のようにひとびとの頭にとりついている。そういう「倫理的な純粋さ」がいまのアメリカでは宗教性すら帯びていると、グラスナーは指摘している。そしてそういう健康モラリズムが、一方で「美という名をいただいたマゾヒスティックな自己改革のすすめ」としてひとびとのナルシシズムをかきたてながら、他方で社会のなかできわめて隠微に、きわめて政治的に機能するさまを次のように描きだしている。

アメリカの歴史において、運動の有効性が極端に誇張されていた時期がいくつかあり、その際のよりどころはつねに「医学的裏づけ」であった。1830年代の医者たちは運動を肺結核の治療や、座りっぱなしになりがちの裕福な女性たちの疾病予防策として奨励していた。1850年代は、痛風、便秘から神経痛まで、あらゆる症状の「運動療法」が考案された時代だった。1870年代のある医者は、マスターベーションという悪習慣にかわるものとして、若い男性に運動を推奨した。そして19世紀の末になると医者たちは、運動には細菌や微生物を殺す作

用があるので感染症の予防になると言い出した。（前掲書）

そして現代、その「医学的裏づけ」が健康モラリズムに変容して現象しているとして、次のように続ける。

アメリカ国民のうち、最も運動不足で、糖分と脂肪を最も多く摂取し、肥満者の率が一番高いのはどんな人々であろうか。それは、社会の下層民であり、少数民族グループである。（略）

20世紀末の健康モラリストたちは、20世紀初頭に禁酒運動家たちが、酒飲みの移民や労働者たちを非難し汚名をきせたのと同じように、肥満者や運動不足の人たちに対する偏見や差別を助長しているのである。（同）

意のままにならない身体

こうした事態の背景にあるのは、たしかに（体重や肝臓の数値の低下にすべてをかける）一種の数字フェティシズムといった面もあるだろうが、それ以上に身体コントロールというかたちでの自己管理・自己統制の願望ではないかとおもわれる。じぶんの意のままになる身体という夢。身体の絶対的な所有によって身体＝自己をパーフェクトに支配したいという夢。この膨れ上がった自律幻想が箍《たが》を外されてしまうと、栄養摂取の行為そのものが過食症や拒食症に越境し、シェイプ・アップ作業が限界ぎりぎりまでのマッチョ・マン製造にまで逸脱する。

自律への願望がじぶんの身体の管理へと転位し、そのじぶんの身体を意のままにしたいという願望が、際限のない身体変工へと逸脱してゆくさらにその背景にあるのは、身体をじぶんの所有物とみる、つまりはじぶんが排他的に管理すべき資産ないしは財産とみる見方であろう。ちなみに、西欧の所有論の歴史のなかでは、何かに対して「所有権をもっていること」、「じぶんのものであること」が、つねにそれを「意のままにできること」（disponible, verfügbar）と等値されてきた。

が、最近はあまり言及されることもないフランスの哲学者ガブリエル・マルセルのことばにもあるように、わたしはわたし自身のものではないし、わたしの意のままになるものでもないと考えたほうがいいのではないだろうか。「苦しむということは、ひとのもつものがそのひとの存在の構成分子になっているかぎりで、そのもつものにおいて起こるのではないだろうか。肉体的な苦しみはあらゆる苦しみの原型、あるいはその根元である。……わたしが苦しみを受けるのはつねに所有によってである」

（「存在と所有」『存在と所有・現存と不滅／マルセル著作集2』渡辺秀・広瀬京一郎・三嶋唯義訳、春秋社、一九七一年）としたうえで、マルセルは、わたしは絶対に自律的な存在ではないと断言している。

その意味ではむしろ、じぶんの身体が意のままになりうるものではないということを発見するためにこそ、われわれはスポーツをするのだと言いたい。

《モード》、モダンのもう一つの形象

喉にささった棘のように

ファッションはなぜ嫌われるか。

見てくれだけで、中身は何もないからではない。節操もなくころころ変わる、そのあきっぽさ、軽佻浮薄《けいちょうふはく》によるのでもない。もしそうだとすれば、放っておけばいいことである。が、ファッションは責められる。流行というかたちでひとびとの意識を共通の観念や感覚に感染させてゆくファッションこそファッショ的現象だと、ファッションが体制を嫌悪するそのおなじ理由で、糾弾されもする。ファッションはなぜ、喉にささった棘《とげ》のように、ひとをいらだたせるのだろうか。

いらだたせるのは、それがいらだつもののアイデンティティの核にふれてくるからである。それもあるものがそれを排除するまさにその行為のなかにじぶんのアイデンティティの根拠を隠しているとき、そのときにいらだちはおそらくもっともエスカレートする。かつてフロイトは、不気味なものをさして、それは「実際にはなんら新し

いものでもなく、また、見も知らぬものでもなく、心的生活にとってむかしから親しい何ものかであって、ただ抑圧の過程によって疎遠にされたもの」でしかなく、したがってそれは「一度抑圧をへて、ふたたび戻ってきた〈なれ親しんだもの〉」といえると書いていた。ファッションのばあい、おなじことがいえるだろうか。ファッションがもしひどい棘となっているのだとしたら、その理由はどこにあるのだろうか。

体制が嫌悪する、底知れぬふまじめさ

ファッションには、どこか底知れぬふまじめさ、いいかげんさがつきまとっている。くそまじめを鼻であしらうようなところがある。きまじめさへの深い不信感がある。そして奇妙にもそういう不良性が、ある種の美意識、ある種の倫理感覚と強くむすびついているところが、なんともおもしろい。ダサいという感じ、共謀してでっちあげられた秩序の固さ、ファッションはそれをもっとも嫌う。

おなじようにというべきか、あるいは逆にというべきか、ファッションという現象はだから、権威や体制や権力機構（とりわけ国家や学校）がもっとも嫌うものでもある。そのいいかげんさ、いいかえると、いかなる秩序をも溶解させる、あるいは骨抜きにするそのいきあたりばったりの存在形式が、秩序によりかかる者の神経を逆撫でするのだ。右か左かということはまったく関係ない。そういういいかたをするならば、ファッションに「流れる」こと、つまり不断の「転向」をより強く嫌悪してきたのは、むしろ左翼のほうかもしれない。社会主義国家でひどく叩かれたもの、それもファッションであった。ファッションは不道徳だ、ファッションは社会をなしくずし的に堕落させる……。秩序と権力を夢みるひとは、こういって、ファッションを嫌悪する。

わたしたちの社会においてファッションがときに、多くの若者たちにとって市民的な政治運動以上に強い抵抗の意味をもつのもまた、そういう理由による。

が、体制がファッションを嫌悪するそのほんとうの理由は、それが嫌悪するそのふまじめさが、あるいは確とした根拠がないという事実が、じつは体制の根底にあるということではないだろうか。ふまじめがみずからの根底にあるからこそ、それは、あからさまにそのふまじめさに居なおるファッションを、毛嫌いするのではないだろうか。まじめを称揚する社会が、ほんとうはもっともふまじめな構造をもっていることを露出する。そしてそういうふまじめさに徹することすらしないふまじめさがある。

よいから流行るのではなく、流行るからよい

ファッションのそうした棘、それをあらゆるものを相対化するファッションの論理のうちに読み取ったのは、ジャン・ボードリヤールである。

モードは、価値体系も、判断基準——善悪、美醜、合理／非合理——もまったく認めようとしない。それらのこちら側か向こう側で、モードは機能し、それゆえあらゆる秩序（革命的合理性もふくめて）を覆す力として働く。モードは、権力にとって地獄である。あらゆる記号が相対的関係におかれるという地獄、あらゆる権力が自分自身の記号を確保するためにぶちこわさねばならない地獄。

（『象徴交換と死』今村仁司・塚原史訳、ちくま学芸文庫、一九九二年）

いや、「モードの世紀」とよばれる二十世紀のとば口で、すでにゲオルク・ジンメルは、モードがもつ強制力の背後にひそむある空虚な論理形式について、つぎのような鋭い指摘をしていた。

義務に従う行為が、その外的な内容と目的によってわれわれにその行為を強制するのではなく、ただたんにそれが義務であるために実行されるときにはじめて、完全に道徳的であると見なされるように、流行は、他のあらゆる動機と無関係であることが実際に感知されるときにはじめて、流行として機能する。

(「文化の哲学」『ジンメル著作集・7』円子修平・大久保健治訳、白水社、一九七六年)

ファッションとは流行《はや》るべきものを流行っているものとして無条件的に指名する、命令のトートロジカルな形式のことであって、それゆえにそれはカントの「定言命法」と構造的にパラレルであるとは、いかにも炯眼《けいがん》であるといわざるをえない。パラドクシカルにきこえるかもしれないが、ファッションはなにが流行るかになんの関心ももっていない(ファッション・デザイナーやディーラーの関心はほぼ全面的にそれに向けられている)。ファッションという領域においては、ものはよいから流行るのではなくて、流行っているからよいのである。

こういう無条件の強制力が、ファッションという現象に本質的である。その強制力は、右でいわれていたように、事物の内容的な意味から離れることによって発生する。前のシーズンと別であるというのが、ミニマルな内容的理由である。「新しいものすべてよし」という古いモットーは、資本主義社会のなかで「ネオマニー」のかたちをとって、そしてより徹底したかたちでよみがえる。

資本主義の経済構造と自由主義的な社会構造とが合体した市民社会の装置、ファッションがその正統な嫡子であり、かつその鬼っこである理由が、ここにうかがえる。すべての価値を交換可能な貨幣価値へと還元する論理、そのなかであらゆる価値は相対的なものとなる。自由もまた、この社会では、その内容によって肯定されたり否定されたりするのではない。他人に危害をあたえないという条件を遵守するかぎり、個人が私的にどんな意思や欲望をもとうと、それらはすべて肯定されねばならないのであって、その意味で自由は形式的なものである。そういう交換価値と自由の形式を理念上の核とする近代の市民社会において、その理念のもっとも無垢なシミュレーションとしてファッションはある。「あらゆる記号が相対的関係におかれるという地獄」という表現は、それを端的にしめしている。

自己の目的を絶えず裏切る構造

がしかし、そういう二重の構造を成り立たせている論理そのものがひとつの「約束」であり、縁の下に隠されてあるべきその社会の根拠をも恣意的なものとして露出し、なしくずしにしてしまうがゆえに、ファッションはそのおなじ社会の鬼っこでもある。そして、いわゆるポストモダン的思考がファッションという現象に関心をしめしたのも、秩序形成には固定した参照点が存在しないという事実、そこには最終的な根拠は見いだされえないという事実が、ファッションという現象にあまりにもあっけらかんと可視化されているからであった。

もちろん、ファッションがとりわけて問題となる衣服や化粧というといとなみは、すでに文明の誕生とおなじくらい古いわけであって、いうまでもなくポストモダンな状況のなかで突然変異のように生みだされたわけではない。いや、そもそもファッションはこういう起源と目的を否定するために編みだされたわけではない。逆にむしろ、起源と目的を偽造し、秩序というものに最終的な根拠が存在しないことを隠蔽するためにこそ、それは編みだされたといったほうが正確だろう。それは秩序とたえず共犯関係にあった。

ファッションが編み上げる物語の一つに、隠蔽／露出の物語がある。ファッションが性的な誘惑の装置でありつづけてきたのは、そしてそのために、ちらちら見えるという出現／消滅の物語を身体表面のあちこちで演出してきたのは、見えているものの背後にある隠されたものを仮構するためであった。そして衣服を一つ一つめくっていけば、最終的にその人間の「真の姿」ともいうべきありのままの実体にたどりつくはずだという確信そのものを仮構するためであった。

が、ファッションの興味深いところは、そういう自己の目的をたえず裏切るところにある。衣服があるスキャンダルを引き起こすことがあるとするならば、それは（ジャーナリズムが遊び気分でコラム的に紹介しているように）隠されたボディをひどく露出させるときではない。表面の背後には隠すべきものはなにも存在しないということを覆い隠す「物語」の隠蔽性の構造を、おなじ衣服をもちいて平然と剝きだしにするところに、ファッションのスキャンダルは発生する。「モードは、〈みずからせっかく豪奢につくり上げた意味を裏切ることを唯一の目的とする意味体系〉というぜいたくな逆説をたくらむ」とか、「モードは無秩序に変えられるためにある秩序である」といった、ロラン・バルトによるファッションのもっともアイロニカルな定義は、そこのところをするどくついている。

みずからの尾に嚙みつく蛇のように

ファッションはたえず変化する。ファッション・メーカーの言説、ファッション雑誌の言説は、この変化に必然的な理由をあたえようとする。たとえば「女らしく」ある必要なんかないという言説が流行したあとで、それに惰性的なムードが漂いはじめると、とたんに、もうじゅうぶんに「女らしく」なくなったので、もう肩肘はることはやめて、じぶんのセクシュアリティにすなおに耳を傾けましょうなどといった理由をもちだしながら、フェミニンなテイストを色濃く出したファッションを提示し、そういうかたちで、秩序の変化につねに理由をあたえようとする。

が、実際にはそこに必然的な理由などない。だいいち、ひとがたったの半年で全員、おなじように人格変化するなどということがありうるだろうか。じつを言えば、ただ前のシーズンと異なるということだけがここでは重要なのである。理由はうわべだけのものである（ファッションはけっしてうわべではない）。そしてそのこと自体をファッションは露出してしまうのだ。つまり、秩序の恣意性そのものを。最後の理由そのものがじつは存在していないことを。

が、ファッションのこの形式はじぶん自身をも呑み込む。それが、ボードリヤールがファッションを地獄だとしたおそらくはもう一つの理由である。その外部に立てないという地獄……。

モードを覆すことはできない。なぜなら、モードはみずからを矛盾におとしいれるような指向対象をもたないからだ（モードの指向対象はモードそのものである）。誰も、モードからは逃れられない（モードは、世界にたいする拒否をモードの一特性にしてしまう——ブルー・ジーンズはその歴史的な一例だ）。内容についての現実原則からはいつでも逃げられるとしても、〔社会の〕コードについての現実原則からは決して逃げられないというのは、それほどまでに真実なのである。内容には反逆しているつもりでも、コードの論理にはますますしたがってしまうことになる。いったいどういうことなのだろう。これは「現代」がわれわれに押しつける強制条約だ。（前掲書）

ここに、すでにのべた衣服のスキャンダルがじぶん自身の足元をも崩していかざるをえない理由がうかがえる。高度消費社会のシンボルともいうべきファッションという現象は、衣服だけでなく、音楽や美術、思想の領域にも浸透していくものであり、そういうファッション現象そのものへの反抗の形式であるアンチ・モードですらも、モードの一風景、一様式として吸収してしまうものだからである。そういう、モードの「地獄」から脱出しようとするモードがたちまちモードの一つとしてモードに呑み込まれるシーンを、わたしたちはこれまでいやというほど目撃してきた。パンクに代表されるアンチ・モードも、ポペリスム（貧乏主義）やグランジに代表されるようなアウト・オブ・モードも、ともにモードの外に出ようとしながら、「最新流行」のメニューとして、アクロバティックにモードの世界を飾りたてる材料の一つにしかなりえないことは、多くのデザイナーたちが思い知らされてきたことだ。あらゆるものがモード記号として消費される。ファッションは、みずからの尾に嚙みつく蛇のように、じぶん自身をも浸蝕してしまうのである。

「分水嶺」をきわだたせる時間意識

ファッションが近代社会の構造の純粋なシミュレーションであること、そのもう一つの現象は、時間意識をめぐるものである。ファッションを織りなしている時間構造は、近代社会のエートスを規定している時間感覚をもっとも純粋にかたどったものである。

「ナウい」というファッション語があるように、ファッションはわたしたちの意識を「現在」という時間のきわに集中させる。「いま」という時間契機を先鋭化する。なにかが来ることとなにかが去ることとの「分水嶺」としてのファッションの時間、それについてもやはり、ジンメルがするどい指摘をしていた。彼によれば、ファッションにおける時間の印象に特徴的なものは、「新しさ」と「儚《はかな》さ」であるが、それはなにかある発端と終焉とが同時に感受されるような形象だという。そういう出現と消滅の感覚、なにかがいま終わり別のなにかがいま始まりつつあるという感覚を演出するもの、それが過去と未来の「分水嶺」として現在をきわだたせる時間意識だというのである。

ここでちょっとつけくわえておけば、フランス革命後にゆっくりと形成されてくる市民の制服としての「背広」は元来、市民をその出自（たとえば階層・階級・民族）から規定するのではなく、市民としてのおなじ位置から出発させるという理念を可視化するものとしてあった。つまりそれは、出自という過去による現在の規定を抹消するべく編みだされたのであった。

ところで、こうした「分水嶺」として現在をとらえる時間意識は、「新しさ」と「儚さ」（そう、〃ヴァニティ・フェア〃のそのむなしさであり、〃エフェメラの帝国〃の蜉《かげ》蝣《ろう》のような儚さである）だけでなく、ファッションのもう一つの時間意識、じぶんがいま時代の最先端にいるという〃アヴァンギャルド〃の感覚のなかにも内蔵されているものである。そして、ファッションにしばしば浸透してくるあのけだるいデカダンスやアンニュイの感覚にも。ここでもついでに、アヴァンギャルドとの関連でちょっとふれておけば、ファッションの先端性がなにか持続的な意味の先端を体現しているのではなく、それを偽装しているだけだということ、つまりファッションは結局は前のシーズンと異なるということにしか関心がないということ、そういう「浮ついた」心性に、芸術におけるアヴァンギャルドがファッションをはげしく撥《は》ねつける理由がある。ちなみに「シュルレアリスム的知性の化身」（R・マーティン）ともいうべきアンドレ・ブルトンは、サルバドール・ダリのモードの仕事、ショーウィンドーの装飾の仕事にはなんの関心もしめさなかった。

過去からきっぱり切断される「分水嶺」としての現在にさしむけられるあるあざやかな感情、これはいうまでもなく、現在を過去の連続がここで断ち切られるぎりぎりの瞬間としてとらえる歴史意識とも無関係ではなく、というか、たえず危機意識を分泌しないでは維持できなかった近代社会の構造と深いかかわりがあるようにおもわれる。じっさい、じぶんたちがつねにある無限の《進歩》の途上にあるというプログレスの思想は、その裏に、じぶんたちの現在を人類が未曾有の危機に直面しているきわめてクリティカル（危機的）な時代として意識させるようなクライシスの思想をへばりつかせてきたのであった。こういう歴史意識の構造の凝縮されたパロディ（?）としても、ファッションはある。

モダンな社会はそのモダニティを足元から切り崩す現象をもみずから分泌してきたということ、その事実をアイロニカルに可視化したものとしてファッションはある。その意味でファッションという現象は、モダンな思考圏にあるといえるし、モダンな思考圏から離脱しようとしているともいえるが、モダンな思考から切れることはない。

スタイルの力

感受性の様相を確認する媒体

感覚や感受性にも厳密さというものがある。精密さと言ってもいいし、緻密さと言ってもいい。とにかく、論理とは別の精度を、感覚はもっている。同じものを前にしても異なる接し方をすることになる、独自の感覚のアンテナや感受性のスタイルを、である。そのひとにしか感じられない世界の表情というものが、あるいは反対にそのひとがどうしても触れていたくない世界の象面といったものが、たしかにあるのである。

ひとはこうした感受性のモード（様相）を、センスだとかテイストと呼ぶ。今日、ファッションはそういう感受性のモードをひとびとのあいだでもっとも濃《こま》やかに確認する媒体となっている。あのひとの生き方、あのひとのふるまい方、あのひとの感覚……そう、ファッションとは生存と感受性のスタイルのことだ。

服の趣味、ネクタイやトランクスの好み、眉や髪のかたち、眼鏡やバッグの型といった身体の表面だけではない。心地よい音楽、壁に貼るポスター、ベッドのシーツ、お気に入りのアーチスト、買い置きのドリンク、行きつけのバー、休日に乗り回すバイク、ひとのネットワーク。それら身体環境のすべてがファッションの構成要素となりうる。じぶんが身体を浸す空間の雰囲気、その感覚的な様相がファッションなのである。その様相の感覚というのは、時とともに大きく揺らぎながらも、それじたいとしては想像以上に緻密である。

じぶんの限界を超えたいという欲望

理由ははっきりしている。ファッションこそ他人がじぶんにたいして抱くイメージ、じぶんがじぶんをそこへと挿入するセルフ・イメージのモデルを提示するものだからである。

ファッションにどうしてそんな力があるのか。ファッションは、ひとがまぎれもないひとつの身体として他人たちのあいだに現われでるときの、その様式を意味するからだ。そして、ここが重要なのだが、そういう身体の存在そのものが当の個人にとっては、物ではなくイメージというレヴェルでしか確証できないものだからである。わたしは他のひとたちが見るこのじぶんの顔をじぶんではけっして直視することができないし、じぶんの髪型もからだ全体のシルエットもふるまいの型もじぶんではじかに確認することはできない。じぶんで見たり触れたり聴いたりできる身体のいくつかの部分、他人の眼が教えてくれるもの、鏡や写真の映像……それらの断片的な情報をまるでパッチワークのようにつぎはぎしながら、想像力の糸でひとつの全体像へとじぶんで縫い上げるよりほかに、じぶんの身体全体にかかわることはできないからである。そう、他人がわたしにたいして抱くイメージとどんなずれがあるかをも勘定に入れながら、ときに深く傷つきもしながら、おそるおそるみずからの身体像をかたちづくってゆくしかないのだ。

そのようなセルフ・イメージは、わたしたちが「共同体」のなかに深くはめ込まれて生きているときには、なにか確固とした枠組みのなかで思い描くことができたし、またそうしかできなかった。が、今日、わたしたちは好むと好まざるとにかかわらず、生まれてすぐに「社会」というもののあらゆる象面に接続され、そこに深く組み込まれてしまう。ひとりひとりの存在様式は、外見やふるまいの様式をそのつど選択し、わがものとしてゆくなかで、つまりは「社会」の広大な神経組織のなかで編まれるしかない。そのモデルをファッションが提供してくれる。

しかし、ファッションは当然のことながら外見やふるまいの様式にとどまるものではない。すでに見たように、ファッションはイメージとしての個人の身体のありよう全体にかかわるものであり、そして身体とはわたしたちがなにかを見たり、触れたり、聴いたりするその出来事そのものであり、その媒体にほかならないものであるから、ファッションはそういう世界の受けとめ方、感じ方の全体にも深い影響を与える。しかも、服装や化粧は感覚の場所である身体の表面にじかにかかわってゆくものであるから、全感覚を巻き込む。その意味で、ファッションとは、わたしたちの身体の表面で起こる、自己幻想と「社会」との最初の出会いであるとも言える。

二十世紀の都市生活がファッションという現象に深く浸食されていることには、だから「五感は世界史の労作である」というマルクスの言葉を待つまでもなく、必然的な理由があるのである。

もういちど言おう。化粧、着衣、装飾。ファッションとは身体の表面の変換作業である。そして、身体がわれわれの感覚媒体であるかぎりで、ファッションは世界との関係のモード（様相）変換そのものを意味する。その意味で、ファッションとは感受性のスタイルであり、そのたえざる変換として定義できる。じぶんのフィジカルな存在を変形することでじぶんの本質そのものを変容したい、じぶんの限界を超えたいという欲望が、ファッションという都市の表面に鳥肌が立つように浮き立つのである。

刻々と消費される記号

ファッションはしかし、他のひとびととの距離感覚でもあるから――同じ趣味のひとに出会うのはうれしいものだが、趣味が細部までまったくいっしょというのは逆にもっとも避けたいことである――、ひとは他人との微妙な差異にひどくこだわる。感受性の固有のスタイルこそ、ひとが他のだれでもないそのひとであるために不可欠のものだからだ。こうしてスタイルの差異を記号として他者たちにたえず発信していないと不安になる。じぶんになりえないような気分になる。こうして記号の海、時代の神話の内側を漂流することになる。「自分らしさ」という幻想と戯れながら。

流通する記号として、ファッションは刻々と消費される。あるスタイルが流行として浸透してくると、ひとはまた別のスタイルにとびつく。まるでじぶんの存在そのものがこうしたスタイルというアクセサリーでできているかのように。別のスタイルは、つねに既定のスタイルからの隔たりや偏差をしめすような仕方で、つまりは逸脱としてあらわれる。この差異を極大化しようとすれば、ぶっとんだ型やあられもない顰蹙《ひんしゅく》物のファッションとならざるをえない。アヴァンギャルドというのはいつもそのようなものとして登場してきた。

同じ人間がしかし、時に他人との差異をかぎりなく消去して、「ひとびと」のあいだに身を紛らせておきたいこともある。身をだらしなくほどいていたいときもあるのだ。このときは凡庸なスタイルこそが隠れ蓑になる。

ファッションはこのようにひとの存在を活性化したり更新したりすることもあれば、それを惰性化したり鎮静させたりすることもある。社会生活のなかでのひとびとの感受性のいわば脈動のようなものとして、それはある。が、この感受性の脈動はけっして不変のものではない。ひとが時代の子であるかぎり、ひとは時代のなかでじぶんの場所、じぶんの位置というものを刻々と選びとってゆくのであり、そのかぎりで世界と接するその位相、あるいはそこに切り込むときのその入射角を変えてゆく。つまりは感受性のモードをずらし、変換してゆく。ひとはいつの時代も、じぶんがいちばん乗りやすい脈動、じぶんの身体的生存の心地よいリズムやスタイルというものを、探しもとめるものだ。

ただこのときに、社会の外部へ出るのか社会の内部に埋没するのかというのは二者択一の問題ではない。いずれにしてもひとは社会の同じ既定の秩序にかかわっているのだから。その関節を脱臼させるにせよ、そこに身を紛れさせるにせよ、その内部にすでに入り込んでいるかぎり、同じ秩序はじぶんを内部から構成しているものでもあるのだから。

モードを「あらゆる記号が相対的な関係に置かれる地獄」だと表現したのは、フランスの社会思想家、ジャン・ボードリヤールだったが、たしかに現代社会において、あらゆるものがモードの波をかぶらないではいない。あらゆるものがファッションとして消費されるこの社会ではしかし、いわゆる前衛《アヴァンギャルド》もいかに過激なアンチ・モードも、すぐにモードの一覧表のなかにきちんと記入され、脱力させられる。あらゆるものがモード化するというのは、モードが不在であるのと同じである。自然への回帰であれ、アートへの上昇であれ、モードの〈外部〉というのは、先端モードの幸福な錯誤でしかない。ここにモードのフロント・ラインの困難がある。〈外部〉は意識的に外部をめがけるひとたちの努力によってよりも、むしろ内部の自生的な崩壊というかたちで出現する。セクシュアリティの境界ひとつとっても、ストリートでのその溶解ぶりはときにアートによるイメージの表出やファッション・デザインの冒険をも凌ぐほどである。ファッションはときに、デザインされるまでもなく根源的《ラディカル》でありうる。

スタイルに栖つくスタイル

ひとつ、注目すべき現象がある。ひとがじぶんの外見、つまり自己の存在イメージを視覚空間のなかで思い描くときのそのモデルを、ファッション雑誌などをとおして提示し、流通させるのが二十世紀のモードであったとするならば、モードはいま、まるでコップの水が溢れるかのように、そういう二十世紀的なモードの定義の外部へはみ出ようとしているということだ。

マクルーハンが「頭骨の外に大脳があり、皮膚の外に神経がある」ような社会としてイメージしたようなメディア社会では、身体性は都市の神経組織――言うまでもなくその一つがファッションだった――のなかに微細に溶けだしており、皮膚に包まれた単体のボディとしてとらえることがあきらかに不十分になっている。ひとは〈像〉というレベルでではなく〈テクスチュア〉(肌理《きめ》)というレベルで、より深くみずからの身体的存在を感受するようになっている。筋肉でも神経でもなく、皮膚のアナロジーで、みずからの身体的存在をイメージしはじめたということだ。こうしたテクスチュアの冒険は、新合繊などにみられるテクノロジカルな進化が強力にバックアップしているのは言うまでもない。

現在のファッション・デザイン、そのもっとも鋭敏な部分は、衣のうちには視覚的なシルエットよりも、あるいはその記号性よりも、もっと深い意味をもった部分があるらしいことを、そしてこれからのデザイン行為がそれをめがけるであろうことを、予感させる。もっとも、時代はそういう感覚の触手をつねにまき散らしておきながら、それを一つにまとめはしない。まとめだしたら、まずファッションがそれを揺さぶり、攪乱《かくらん》するだろう。ファッションとはそういう、スタイルに楯突くスタイルのことだから。ファッションは閉じ込められること、飼いならされること、惰性化させられることをもっとも嫌う。それはスタイルを更新するためのスタイルとして、支配的なスタイルにたいしてつねにノイズでありつづけようとする。〈新しさ〉という顔つきですら、それが退屈になればすぐに脱ぎ去る。とすれば、そのようなファッションという現象にふれる方法じたいが、ファッショナブルでなければならない。つまりつねにスタイルに楯突くスタイルとして、みずからのスタイルに過敏でなければならない。

同一であることからの自由

さて、スタイリッシュであるためには、わたしたちは「方法的」な生活に入らなければならない。思考のではなくて、感覚の。それは、他のだれとも異なるような仕方で世界にふれ、その輪郭を、その襞《ひだ》をなぞるその方法のことであり、したがってひとは自由になるためにこそスタイルを必要とするのである。

スタイルはその意味で、「一貫した変形」という、かつてマルローが絵画を定義したときのような概念を必要とする。それは、なじみの定型からの逸れ、ぶれ、隔たりということであり、ちょうど画家の描く静物の絵が知覚されたかたち、想像されたかたちから一貫して逸れているように、凡庸な生き方から一貫して逸れている。その逸れ、その偏差の指数のことを、だれかのスタイルというのだ。

だから自由であるためのスタイルというのは、逆説的にも、同一であることからの自由をこそめがけなければならない。その意味では、ただ逸れるために逸れるというスタイリストは、同一性というものに裏返しに固執しているわけであって、囚われの典型、つまりは上っ面でしかない。

ひとがいちばん囚われやすいのが、じつは自己のスタイルなのである。たまたまなにかがうまくゆくと、それをじぶんに固有のスタイルだと錯覚して、それにこだわる。みっともない行為だ。貧相な行為だ。じぶんを模倣することほどアンファッショナブルなものはない。つまり、スタイルの死。

スタイリッシュのもっとも重要な点は、スタイルに囚われないということである。結局、囚われというのが、スタイリッシュなひとにとってもっともおぞましいものなのである。

そこで以下は、スタイリッシュの見本集である。

＊

まず、スタイリッシュを〈いき〉と訳してみる。〈いき〉の核心に「諦め」を見たのは、『「いき」の構造』（岩波書店、一九三〇年／岩波文庫、一九七九年）の九鬼周造だ。「諦め」から滲み出てくる無関心と恬淡《てんたん》のこころ、その〈いき〉を九鬼は、「垢抜して（諦）、張のある（意気地）、色っぽさ（媚態）」と定義している。廓《さと》の文化を幾何学的思考で分析する。柳腰、流し目、細面、薄化粧、おくれ髪、抜き衣紋《えもん》、左褄《ひだりづま》、縦縞、湯上がり姿を存在論の言語で語る。その様式《スタイル》と文体《スタイル》のあいだの二元的緊張がこころよい。廓の女性たちの身づくろいや身ごなしについて語る言葉は、九鬼のダンディズムに厚く裏打ちされている。

パリという異郷で故郷の江戸を思い、帰国後は京都大学で教鞭をとったあと母の匂いのする祇園に静かに身を置いた九鬼。そのかれは、男性的な匂いがする女性用の香水、ブッケ・ド・フォーン（山羊神の花束）をチョッキの裏にふりかけていた。その匂いを嗅ぎながら、「遠い遠いところ」、「私が生れたよりももつと遠いところ」、「そこではまだ可能が可能のままであつた」夢幻の場所に思いをはせ、じぶんという存在の深い偶然性と哀しく戯れていた。

＊

九鬼のいう恬淡ということで、まっさきに思いだすパリの粋人は、ロラン・バルトだ。囚われからの自由は、かれにおいて領域からの自由ということでもある。写真、哲学、広告、フーリエ、ロヨラ、映画、エッフェル塔、日本、モード、レスリング、水彩画、シューマン……。さまざまなテクスト世界がたがいに響きあい、侵蝕しあう様をあじわうには、バルト自身が装幀もほどこした『彼自身によるロラン・バルト』（佐藤信夫訳、みすず書房、一九七九年）がいい。翻訳語でもじゅうぶんに、言葉の粒のひとつひとつの肌理《きめ》をあじわえる。

＊

マルローの言った「一貫した変形」、そういう意味でのスタイルを人体にほどこしたのが、化粧と衣服だ。そこでまずお化粧二題。

化粧する女が好きだと言う二人の詩人がいる。

どちらも本書でもうすでに引用した文章だが、気に入っているので再度引くと、ひとりはこう書く。

私は化粧する女が好きです。そこには、虚構によって現実を乗り切ろうとするエネルギーが感じられます。そしてまた化粧はゲームでもあります。

顔をまっ白に塗りつぶした女には「たかが人生じゃないの」というほどの余裕も感じられます。

（略）化粧を、女のナルシズムのせいだと決めつけてしまったり、プチブル的な贅沢だと批判してしまうのは、ほんとうの意味での女の一生を支える力が、想像力の中に在るのだということを見抜くことを怠った考え方です。

（『さかさま恋愛講座・青女論』角川文庫、一九八一年）

もうひとりは、「女は、より良く人々の心を屈伏させ精神を感嘆させるために、自然の上にぬきん出る手段を、あらゆる技巧から借りてくるべきである」としたうえで、さらに続けてこう書く。

顔に色を塗るということは、美しい自然を模倣し、若さと張り合うというような、卑俗で口に出すのも憚られる目的で行われてはならないはずだ。それにまた、人工は醜いものを美しくはせず、美しいものにしか奉仕し得ぬとは、すでに観察されてきたところだ。自然を模倣するなどという不毛の機能を、誰が敢て芸術に振り当てようか？　化粧というものは、自らを隠し立てすることも、見破られまいとすることも要らない。それどころか、これ見よがしにではないまでも、すくなくとも一種の無邪気さをもって、自らを誇示してよいのだ。

（『現代生活の画家』阿部良雄訳、筑摩書房、一九八七年）

前者、寺山修司には『歴史の上のサーカス』（文春文庫、一九七六年）という本がある。かれの本はどれも哀しみの棘がいっぱい、想像力の暴力がいっぱいだが、そのなかで比較的、肩の力を抜いて書いているのがこの本だ。でも、寺山のこだわりのテーマはほとんど出てくる。寺山自身はショット・ガンのように言葉の弾を撃ちだすひとだったが、沈黙の美しさを深く知っていた。「黙っていることに耐えられない」ひとびとについて、かれはこう書く。「彼等はつぎつぎと話相手をかえては、より深いコミュニケーションを求めて裏切られてゆく。そして、沈黙も饒舌も失ってスピーキング・マシーンのように『話しかけること』と『生きること』とを混同しながら年老いてゆくのである」。

〈沈黙〉、これもスタイルの重要な契機である。

もうひとりの詩人、ボードレールの散文詩集に『巴里の憂鬱』というのがある。そのなかに、「この世の外ならどこへでも」（ANY WHERE OUT OF THE WORLD）とめずらしく英語の題をつけた詩がある。たえず「ここではない他の場所」を夢見ながら生きているひとたちに、じぶんは「ここではない他の場所」ばかりもとめるそういう世界そのものの〈外〉へ出たいと詠った詩だ。世界の〈外〉、このクールな距離感もスタイルには欠かせない。ちなみに寺山修司にとっては、「ここではない他の場所」の総称が「東京」だった。が、かれは東京を出ようとはしなかった。そして「東京を軽蔑する人間は、軽蔑に値する東京しか持つことが出来ない」とその横に書きつけた。

＊

化粧といえば、戦時中に金子光晴が歌ったはげしい化粧論を逸するわけにはいかない。「雨にうたれ、色も褪《さ》めて、／汗あぶら、よごれたままでよこたはる」弱い女たちが、「軍神の母、銃後の妻」とおだてられ、持ち上げられるのに憤り――それを推進したのは「日の丸と割烹着」をまとった同じ女性の集団、国防婦人会だった――、金子はこう歌った。

　ちり際《ぎは》よしとおだてられて、
　女のほこり、女のよろこびを、
　かなぐりすてることなかれ、

バケツやはしごをもつなかれ。
きたないもんぺをはくなかれ。
（「さくら」）

こういう優しさというのは、人生の底無しの泥沼や窮乏を知っているひとからしか出てこない。妻三千代と上海、東南アジア、ヨーロッパへの「万国放浪」の旅。その旅の出発地でもうすでに懐はすっからかんになっていた。あらゆる手を使って金を稼ぎだし、妻を先にパリに送りだしたあと、こんどはマレー半島で金の工面をして、ようやくパリ行きの郵船に乗り込む。上海でもマレーでもパリでもどん底から醸しだす生の饐《す》えた匂いは強烈だ（そういえば飯田善国も、パリは黴の匂い、ニューヨークは酸化鉄の匂い、ロンドンは煤の匂い、ウィーンは生理中の女の匂いと書いていた）。

スタイリッシュが秘めていなければならない生の悲哀と残酷の経験が、『ねむれ巴里』（中公文庫、一九七六年）には書かれている。「四十年近い時間を置いて、頭の冷えきった筈の今日でもなお、そのことを語るとなると、こころが寒々としてくる」と、詩人そのひとが記したような。

ちなみに、戦後四十年たって、同じ国防婦人会の標語をもじって「ぜいたくは素敵だ」というコピーが現われた。渋谷あたりから。

＊

毎日の散歩のついでにストリップ劇場に立ち寄り、帰りに曾孫のような子どもと遊んだ晩年の金子の生き方もいいが、こんな年のとり方もいいなと思わせるのが、大岡昇平の『成城だより』Ⅰ・Ⅱ（文藝春秋、一九八一年）。イラン・イラク戦争からスタンダールの思い出へ、群論・集合論の美しさから半七捕物帳へ、ドゥルーズの思想からグールドとYMOをへてから「じゃりン子チエ」へ……。世界のさまざまな象面を転位しながら流れない、その思考のとらわれのなさは絶品だ。ぼくの印象では、ヨウジ・ヤマモトの服はこのひとと田村隆一にいちばん似あう。

＊

さて、せっかくだから服の話も。

衣服というのは肉体によりも精神によく合うものだとしたエリック・ギルは、その著『衣裳論』（増野正衛訳、創元社、一九六七年）のなかで、スタイルとはプルーデンス（思慮分別）のことだと、シンプルに定義している。「思慮分別は物に関心せず、人に関心します。つまり、人が立派に振舞うようにと考えるわけです」。「立派」ってもう懐かしい言葉になってしまっている。この「立派」、ギルによって「威儀」とも言い換えられる。そしてここからがおもしろい。威儀をしめすのが望ましいばあいには、西洋人はつねにスカートを身にまとってきたというのだ。聖職者たち、法廷や大学などの高官たち、かれらはみなスカートのある寛衣を着てきた。だから男もスカートをはけ、と言うのだ。「女と同じ位に美しく見え、しかも実際美しくある男」。この「スカートのほうへ」というのは、「ドレスメイカー（裁縫師）の方向へという意味であり、テイラー（仕立屋）よさようならということ」である。そうしてつぎに「衣料の材料への敬意」ということが語りだされる。すばらしいではありませぬか。

ちなみに、人間にもし尊厳があるとするならば、それは衣服を着ることによってではなくて、それを脱ぐことができるという点においてだとも、ギルは言っている。脱いだあとが美しい服というのが、ひょっとしたら究極の服なのかもしれない。

＊

「立派な」ふるまいということでは、工藤直子の少年詩集『てつがくのライオン』（理論社、一九八二年）にもどうしても言及しておかなければならない。ライオンというのは獣の王で、だから哲学的な様子をしていなければならないとかたつむりに教えられたライオン、尾を右に丸めて腹這いになり、前肢をそろえて首を斜め上に向けて、「てつがくてき」になろうと思う。夕暮れになって肩がこってきたライオンは「てつがく」は終わりにしてかたつむりのところへ戻ってくる。

「やあ、かたつむり。ぼくはきょう、てつがくだった。」

「やあ、ライオン。それはよかった。で、どんなだった?」

「うん、こんなだった。」

ライオンは、てつがくをやった時のようすをしてみせた。さっきと同じように首をのばして右斜め上をみると、そこには夕焼けの空があった。

「ああ、なんていいのだろう。ライオン、あんたの哲学は、とても美しくてとても立派」

「そう?……とても…何だって? もういちど言ってくれない?」

「うん。とても美しくて、とても立派」

ホスピタリティ、つまり歓待。他者の歓びを歓ぶこと、他者の苦痛を苦しむこと。思慮とは結局ここに帰するのかも。とすれば、最後に二冊、つぎの写真集をどうしても挙げないわけにはいかない。

『植田正治写真集』(宝島社、一九九五年)。愛を与えるのが、スタイリッシュなひとの心意気である。植田正治が戦後、砂丘で撮った家族の像、隣人たちの像は愛に満ちれている。その家族や隣人をとおして植田の眼は世界の〈外〉を見ている。なにかこれまでふれてきたスタイリッシュの概念をまとめて映像にしたみたい。年中同じ服を着ているひと、しかし毎日着替えているひとというのが、着ることについてのわたしの理想である。そんな服にいつ出会えるかわからないが。この写真家は、毎日ほとんど同じ場所で写真を撮る。が、同じようなものを撮っても毎日違う写真になる。八〇年代のＢＩＧＩ《ビギ》のファッション写真ですら、住まいのある鳥取でいつものように撮る。究極のフォトグラフだ。

石内都『１・９・４・７』（ＩＰＣ、一九九〇年）。ダンディは、異性をいとおしまなければならない。ディドロの言い方をするなら、男は女を、女は男を、じぶんの畸形として、深く。鏝光《こて》りした四十代の肌。深く皺と罅《ひび》がきざまれた手と足。ここには「若さ」というオブセッションから切れたまなざしがある。時間の悶え、歴史の痛み、時代の哀しみは、それが最後にチャーミングに見えるところまで見つめつづけられねばならない。そのモデルがここにある。石内というハンサムなレディによる作品である。ちなみにタイトルはじぶんと同年、一九四七年生まれの女たちという意味。

＊

最後に、すでに何度か名前が出てきたファッション・デザイナーの言葉を。といっても、この男、山本耀司には書き物はない。語りはある。ヴィム・ヴェンダース監督の『都市とモードのビデオノート』だ。スタイリッシュとはどういうことかということを、いま、いちばんスタイリッシュに語れるのがこの男ではないかと思う。

このデザイナー、ファッション・デザインのポイントである「新しさ」にはなんの関心ももっていない。人生はもう済んでいる、そんな感覚で過去を哀悼するかのように服をデザインする。風雪を縫い込んだ古いきれの感触に嫉妬しながら、「時間をデザインしたい」とつぶやく。銀髪をアップにまとめて葉巻をくゆらす老女が理想だと語る。Can I help you? という気持ちで女性のために服を作っているともらす。その男のつぶやきを映画でじっくり聴いてみてください。

＊

「諦め」から「ホスピタリティ」まで、このように見てくると、スタイリッシュには、時間への深いまなざしが織り込まれていることがわかる。風化する時間、そしてその痕跡としての人体への、かぎりなく深い慈しみ。同世代の異性からはじめて、異性への愛が上下におよそ四十歳くらいまで広がったとき、ひとつのスタイルが完成されるのだろう、きっと。

モードのお勉強

《ファッション学》とは何か

ファッションはたのしい。着飾ること、ときにはドレスダウンすることそれ自体が、心地よい緊張感のある行為だということもあるが、それとともに、ファッションを文化の現象として観察するといろいろとおもしろいことが見えてくる。その意味でもたのしい。

これから《ファッション学》なるもののラフなマップを描いてみようとおもうのだが、そのときファッションを、多くのひとがそう考えてきたように、「外見」とか「うわべ」の現象だとあらかじめ決めてかかれば、なんの面白みも発見できないだろう。そういうひとにはこの本は無用である。まあ、じぶんがそれなしで生活できないもの、その意味でじぶんの一部であるものを、「うわべ」だけのものとして軽蔑しつつ生きていけばいいことだ。なんとも不健全なことではあるが。

ファッションが「うわべ」のことだという固定観念とともに、その対極に、ファッ

ディオール「アンヴォル・ラインのスカート」1948年春夏
（文化学園大学図書館所蔵）

ションを自由と個性の表現だとするもう一つの固定観念がある。学校の制服指定などをめぐって議論がなされるとき、かならずもちだされるのがこの理屈で、制服はいつも、自由か規律か、個性の表現か画一性の強制かといった硬直した枠組みのなかで問題にされる。けれどもこれは、問題をあまりに単純化している。どんなに自由に見える服にも時代のスタイルといったものがあり、そういうゆるい意味での制服を着ることでひとは社会に住みつくようになるのだ。スカートという制服を身につけながら（つまり女装することで）ひとは「女」っぽくなっていくのだし、茶髪やピアスをつけて「渋谷系」に、ルーズソックスをはいて「いまどきの女子高生」になっていくのである。その意味であらゆる衣服に制服という要素がある。が、他方、どんなに画一的に見える衣服にも「抜け道」はある。ちょっとした着くずしかたにそのひとならではの特徴が出る。これはほとんどのひとが中学校や高校で経験してきたことだ。ほとんど同じであるということがひとのアイデンティティを可能にするが、まったく同じということはアイデンティティを不可能にする。その微妙なポイントをちゃんと押さえておかないと、衣服の不思議は理解できない。

はじめてファッションについて論じたとき

ファッションが学問の対象として認められるようになったのは、いつごろからだろうか。いや、ひょっとしてまだ認められていないかもしれない。大学の家政学部の被服学科で、ファッションが服飾史のかたちで、あるいは染色の技術や繊維の構造論のかたちで、さらには被服心理やドレス・メーキングのお勉強として「研究」されてはきた。あるいはまた、歴史学や社会学などの分野で、風俗としての服飾の歴史や流行現象としてのファッションの意味が「研究」されてもきた。

が、その意味でのファッション研究が学問の本道からずいぶん隔たったものとして、まあ「あってもいいもの」くらいに、つまりは手慰みくらいにしか扱われてこなかったことも、これまた否定できない事実だ。生産工程に応用可能なテクノロジカルな研究やケミカルな研究は別として。かつて耳にしたところでは、さる高名な私立大学の美学科で「刺青《いれずみ》」について、あるいは「ぬいぐるみ」について卒業論文を書こうとして、先生にそれは学問の対象にはなりえないとして拒絶された例がある。これはおそらく例外的な事件ではないだろう。

　これは他人事ではない。わたし自身が——わたしは大学ではいちおう西洋哲学・倫理学の教師として講義をしている——哲学者でありながら、ファッションについて文章を書きだしたときには、相当な抵抗があった。抵抗といえばかっこいいが、要するに侮蔑され、冷笑されたのであった。わたしがはじめてファッション論を書いたとき、哀しい想い出だが、哲学の恩師のひとりに、ファッション雑誌の言語分析をしたロラン・バルトの『モードの体系』のことを言うふりをして「世も末だな」と言われた日のことはいまも忘れない。それなしでは生活していくことのできない衣服を、あるいはその流行を、軽薄で表層的でうつろいやすく節操のないものとして、はなから軽蔑してしまう、そういう思考法が囚われている強迫観念がいったいどういうものか、それを分析するのもおもしろくないわけではないが、それもまあ不幸なことである。で、ずばりファッションという現象のただなかに入っていこう。

ファッションという現象の発生するところ

ファッションについて考えようとするときに、とっかかりは二つあるとおもう。一つは身体の演出という側面であり、もう一つは流行という社会現象としての側面だ。頭のてっぺんから爪先まで、じぶんの身体をざっと眺めればすぐに気がつくことだが、わたしたちの身体でなんの加工もされずにそのままに放置されている部分はほとんどない。髪は梳られているし、髭や腋毛はほとんどのばあい剃られているし、唇にはしばしばルージュがつけられているし、首から脚までは布で覆われているし、足は足とはずいぶん形のちがう靴のなかに無理やり入れられている。隠れた部分では、乳房をこれまた無理やり寄せて上げたり、お尻の肉を補正具でアップさせたりしているかもしれない。ひとはどうしてじぶんの身体を、このようにつねに加工したり変形したりするのか？　なぜみずからの可視性を、ときにはひどい苦痛を我慢してまでもいろいろに演出しようとするのか？　ここに「自然」に与えられたものを変形することによってみずからの社会性を紡ぎだしてゆく人間の文化の秘密が、原型のかたちで見いだされる。

「各人にとっては自己自身がもっとも遠い者である」という古い諺がドイツにはある。哲学者のニーチェが引いているものだ。このことば、わたしたちが身体として存在しているという事実にぴたりとあてはまる。わたしたちはじぶんの身体を表面だけしか知らないし、その表面も一部の限られた部位しか見ることはできない。不思議なことに、口や鼻や肛門といった、生命活動にとってもっとも重要な機能をもつ器官、あるいは眼や顔といった対人関係においてのっぴきならない意味をもつ部位が、よりによって本人の視野から除外されているというのは、なんとも不思議な事実である。ひとは身体としてのじぶんの存在について、それほどわずかな知覚情報しかもちあわせていないのだ。身体の遠さからくるそういう不安を払いのけるために、ひとはたがいの可視性を微調整しながら同じ可視性のスタイルのなかに住まおうとするらしい。身体が基本的に社会的なものである理由はおそらくそういうところにある。

身体は社会のなかで、さまざまに解釈されている。さまざまの禁止事項の網の目にからまれてもいる。

公示してよい身体と秘匿されねばならないプライヴェートな身体、加工してよい身体パーツといじってはならないパーツ、触れてよい他人の身体パーツと触れてはならないパーツ、それらの境界にわたしたちの規範意識が象徴的なかたちで記入されている。ファッションはそういう規範を身体に書き込んでゆくいとなみでもある。身体が個人の自己ディスプレイとしてどのように演出されているかを見ていると、そのひとが属している社会のなかで身体がどのような強迫観念にとらわれているかが見えてくる。

身体はさらに、わたしたちが世界や他者たちとかかわるときのそのもっとも根元的な媒体（ルート・メディア）として見ることもできる。わたしたちは眼で見、耳で聴き、口で話す。その関係のメディアとしての身体に介入していくことで、わたしたちはおそらくその関係そのものを変容することもできるだろう。わたしたちが眼をアイシャドーで隈取《くまど》ったり、唇に紅を引いたり、耳にアクセサリーをつけたり、指にリングをはめたりするのも、感覚器官としてのそれぞれの身体部位を飾ることで、宇宙を、あるいは他人をもっとも深く、そしてみずみずしく迎え入れようとしているのかもしれない。そんな見方がもし可能であれば、身だしなみや化粧のことをどうしてコスメティックという、コスミック（宇宙的）と同じ語源のことばで表現するのかも理解できるようになる。

こういう宇宙的ともいえる意味を本来もった行為として、コスメティックはある。そしてコスメティックが、都市生活のなかでいわゆる〈流行〉として現象したとき、それをわたしたちはファッションとかモードと呼ぶのである。わたしたちが身体をもった存在として、じぶんをどのように社会的な場に登場させるか、その社会的ディスプレイのスタイルが、ファッションと呼ばれると言ってもいい。わたしたちにとって他者の存在は一種の鏡なのであって、わたしたちの存在の身体性と社会性とが交差するところにファッションという現象が発生するのである。

現代社会に普遍的に浸透するモード

このように考えてくれば、ファッションとかモードという現象が、どうして文化のもっとも基礎的な現象の一つとして学問研究の主題になってこなかったのかのほうが、不思議なくらいである。それをきちんと主題にできない学問研究のありかた、その理念や方法論のほうが、いまやドラスティックに転換されねばならないのだろう。

ところで、文化についてのこういう新しいスタディとしての《ファッション学》にも、じつは偉大な先駆者たちがいる。ニーチェやバルザックからベンヤミンやバルトまで、衣服とそのモード――モードということばはもともと、「ア・ラ・モード」のように「〜風」という「様式」を意味するとともに、論理学でいう「様相」でもある――を文化史的に、さらにときには存在論的に深く洞察した思想家や批評家は多い。比喩としての〈衣〉やヴェール、モードが象徴する近代社会の時間意識、モードの中枢神経としてのフェティシズムが論じられ、表面論や表層論、衣服の記号論的分析、身体表象論、身体技法論、身体の歴史学、風俗のパトロジーなど、衣服やモードが文化の核心の部分でもっている意味がするどく分析されてきた。そういう忘れられた先駆者に、文化史の新しい文脈のなかでもっと光があてられてよい。

ファッションが新しい研究分野として脚光を浴びることになったのには、それなりの事情もある。六〇年代以降のいわゆる高度消費社会のなかで、モードというのは消費の根本様態として普遍化していった。モードといえば服飾がまずイメージされるが、よく考えれば、現在の消費社会のなかで、モードの波をかぶらずにすむものなどありえない。服や化粧だけでなく、音楽や自動車も、美術も学問も、この流行現象としてのモードをまぬがれることができない。そしてモードは社会体制の壁をも軽々と乗り越えて、現代社会に普遍的に浸透してきた。性や世代や民族を超えて、「感受性の共和国」や「テイスト共同体」を構成してきた。そこからモードの問題を、資本主義の問題、権力の問題とリンクさせる必要もでてくるだろう。

ファッションは行動のスタイルである。だからそのプロセスも行動の中身と同じくらいに大事だ。つまり《ファッション学》では、アプローチのスタイルがたいせつになってくる。視線が、語りかたが、文体がファッショナブルでなかったら、元も子もない。その意味で《ファッション学》――「ファッション」も「学」ももうすっかり擦り切れたことばなので、ほんとうはこの名前も「止揚」して、もっとチャーミングな名称にしたいのだけれど――は、相当な緊張を強いられる作業でもある。もっともそれが、この「学問」の気持ちのいい、いちばんの理由なのだけれど。

「驚き」の体験から始めるファッションのお勉強

さて最後に、すでに触れたものもあるが、整理の意味も含めて、ファッションのお勉強のためのブック・ガイドをしておこう。

ファッションについて考えるときに、眼から鱗が落ちるというか、まずは「驚き」の体験から始めるようおすすめしたい。そのために絶好の本がある。B・ルドフスキー『みっともない人体』（加藤秀俊・多田道太郎訳、鹿島出版会、一九七九年）だ。この本は、シンデレラ物語をファッション寓話として読み解くところから議論を始めている。靴を足に合わせるのではなく、足を靴に合わせることがファッションの文法であるというのだ。そして、身体の変形や加工としてとらえられた服飾の技法が、どのような性的感情やイメージを喚起し、操作していくかを、ユーモアをまじえながら論じている。文化としての衣服の不思議が、身体の使用法と表現法というもっとも根っこのところから解き明かそうというわけだ。ハイヒールと纏足《てんそく》のシルエットの相似性、バッスルと中部アフリカの身体変工（出っ張ったお尻）の相似性など、異なった地域の服装文化のあいだに意外な対応を見いだす手法をつうじて、文化の装置としての服飾の意味が楽しく解き明かされる。

身体意識との関連でファッションを論じるのが、S・フィッシャーの『からだの意識』（村山久美子・小松啓訳、誠信書房、一九七九年）。人間の身体意識と自己イメージの仕方という視点から、わたしたちにとって身体とは根源的には〈像〉であることをあきらかにする。自己の身体は見られるものではなく想像されるものだ——そういう地点から、ひとはなぜ衣服を必要とするのかを考えようとする。性的なアイデンティティと身体的な自己意識と服装との深いつながりについての議論もなかなかにおもしろい。ちなみに、身体は〈像〉であるという同じ視点から、衣服が第二の身体であるのではなく、身体こそ第一の衣服であるという論理を導きだした精神分析学的衣服論にE・ルモワーヌ＝ルッチオーニの『衣服の精神分析』（柏木治・鷲田清一訳、産業図書、一九九三年）がある。記述は高度なレトリックが効いていてかならずしも読みやすくはないが、読みごたえはある。

身体が文化的なものであるかぎり、そこには歴史がある。身体の歴史についてまずはヴィジュアルにイメージするために、D・モリス『マンウォッチング』（藤田統訳、小学館、一九八〇年）を読んでおきたい。ここでは身ごなし、身づくろいのルール、身体を使った合図やイメージ操作など、人間の身体文化が、この著名な動物行動学者によって豊富な図版とともに論じられる。人間とはなんと「奇態」な存在であるかがユーモアたっぷりに描きだされるのだ。

S・カーン『肉体の文化史――体構造と宿命』（喜多迅鷹・喜多元子訳、法政大学出版局、一九八九年）もすばらしい仕事である。ヴィクトリア時代の性道徳から性科学を経て身体政治へといたる十九世紀以降の西洋の、屈折した社会的性意識とそのドラスティックな変容を描いたもので、たいへんに読みごたえがある。上着から下着、髪型から小物類まで、服飾の構造のより限定した視点から、十九世紀フランス社会の差異構造を描きだすフィリップ・ペロー『衣服のアルケオロジー』(大矢タカヤス訳、文化出版局、一九八五年)もあわせ読まれることをおすすめする。

思想としてのモードを読む

次に、モードという現象、モードの構造そのものを論じた思想書としてまっさきに挙げたいのが、ロラン・バルト『モードの体系』(佐藤信夫訳、みすず書房、一九七二年)。現代の思想家によるモード論としてもっとも有名なものであるが、分厚く、かつモードではなくモード言語(とくにファッション雑誌の言語)のおどろくほど精緻な分析であるために、通読されることは案外少ないような気がする。モード言語の構造主義的な分析とはいえ、モードについて考えるためのもっとも基礎的な視点は出そろっており、そのモード論は、現代文化における〈表層〉の論理学として展開されてゆく。

そして、J・ボードリヤール『象徴交換と死』(今村仁司・塚原史訳、ちくま学芸文庫、一九九二年)。ここでは、高度資本主義社会におけるモノの記号的消費という観点から、モードという現象が「あらゆる価値が相対化される地獄」として描きだされる。

本書に先だつ『消費社会の神話と構造』（今村仁司・塚原史訳、紀伊國屋書店、一九九五年）でボードリヤールは、ファッションにおいてわれわれの身体や身体意識やセクシュアリティが、その交換性を奪われ、単体としての身体の内部にナルシスティックに閉じ込められ、その上で緻密に検閲され、均質化され、神話化されてゆくそのプロセスをあばいたが、本書では、今日の社会ではあらゆるもののアイデンティティの原則がモードの論理によって侵蝕されているという視点から、モードによりいっそう鋭利なメスが差し込まれる。

そのうえで、現代社会ではモードが無意識と欲望の媒体となっていること、衣服とメイクは身体の象徴的切断を意味するということ、この身体の断片化とともにモードが作動すること、記号が性の全領域を包囲することで性における象徴的な契機が無力化されること、モードはあらゆる記号を相対的関係に置く「地獄」として、あらゆる秩序を覆す力としてはたらくということ、モードは身体を（そしてモノを）分泌したり壊れたりすることのない抽象的な不滅性のなかで維持しようとするということ、現代社会において身体は屍体・動物・機械・マヌカンという四つの幻想的な準拠枠のなかで表象されるということなど、魅力的な分析が並ぶ。モードと性と死と政治を交差させるボードリヤールの筆致は、ほんとうに迫力がある。

皮膚感覚からストリート、そして哲学へ

皮膚感覚についても、ひじょうに現代的な問題としてアプローチしておきたい。そこでおすすめは港千尋の『考える皮膚』（青土社、一九九三年）。全身隈なく釘を打ち込まれたアフリカの彫刻、カフカの処刑機械と現代のタトゥー、差別を産みだす皮膚の色素の政治学、剝皮彫刻、ダンスの記譜法、工場のロボットアーム、仮想現実のなかの触感、パック療法などにふれながら、近代の都市文化のなかで忘却され、抑圧されてきた皮膚感覚を表面や外皮、袋や末端といった観念から解き放って、「自己と他者の科学」という視点から論じる。ファッションが視覚的なシルエットの構成から着たときの触感へと、いわばその焦点を皮膚論的に転回させつつある現在、そのことの意味するところを解くための必読の書である。

化粧については、『化粧』（リブロポート、一九八六年）がもっとも本格的な議論を展開している。これは、現代美術の殿堂、ポンピドゥー・センター（パリ）が刊行しているシリーズ《トラヴェルス》の一冊として出版されたものである。現代フランスの思想家・美学者たちを動員してメイクアップという文化装置を、とくにその現代的な意味を、解読する。

下着については、伊藤俊治『愛の衣裳』（筑摩書房、一九九〇年）がおすすめ。皮膚感覚や身体感覚とわたしたちの感情とを媒介する装置として下着をとらえた独自のファッション論であり、美術批評である。衣服、とりわけボディウェアを、官能性と生還と感情の触媒としてとらえ、そこに新しい物質素材と新しい身体意識との共振と相互浸透を読み取っていく衣服論は、やがてフェティシズム論へと展開してゆく。スリリングな本である。

ストリート・ファッションへの距離感のいい視点も必要だろう。

多田道太郎『風俗学——路上の思考』（筑摩書房、一九七八年）は、肩の力がうまく抜けていて、しかもファッションの思想の核心にふれるものだ。ファッションは多田の言うとおり、「社会の生きた皮膚」であり、ちょっとした病がかさぶたや吹き出物になって現われたり、ほろ酔い気分にほんのり赤くなったり腫れぼったくなったり、ときにはなにかに駆られたようにみずからを激しく傷つけたりもする。風俗をとらえるときのそういう視点をとてもわかりやすく説いた、フランス文学者のチャーミングな本なのだ。アクロス編集室編『ストリートファッション 1945–1995』（パルコ出版、一九九五年）も、そういう過敏で傷つきやすく、しかもあきっぽい若者たちの戦後ファッション史を、図版・年表とともに、克明に、そしてセンスよく跡づけている。

モードを哲学するために必読のテクストとしては、まずW・ベンヤミン『パサージュ論』(今村仁司・三島憲一ほか訳、岩波書店、一九九三年)を挙げずばなるまい。二十世紀前半のドイツの思想家による「十九世紀の社会史」(未完)である。万国博覧会、パノラマ、室内装飾、照明、都市の売春婦、ポスターなど都市の表層を読み解く。「無機物のセックスアピール」こそファッションの中枢神経だと説くそのファッション論は、ファッションと死との深い結びつきを指摘して、衝撃的である。現在、モードについて思考するものが何度もたち返るべき著述である。

最後にあつかましくもわたしのモード論をあげさせていただく。鷲田清一『モードの迷宮』(ちくま学芸文庫、一九九七年)は、ファッション雑誌「マリ・クレール」に連載したもので、なぜ〈わたし〉は自己の可視的な存在をたえず変換せずにはいられないのかという視点からファッションを論じている。モードの哲学への入門書としては、ほかに『ちぐはぐな身体《からだ》――ファッションって何?』(ちくま文庫、二〇〇五年)、『てつがくを着て、まちを歩こう――ファッション考現学』(ちくま学芸文庫、二〇〇六年)、『ファッションという装置』(河合文化教育研究所、一九八九年)などの著作がある。ファッションとその批評の可能性については『最後のモード』(人文書院、一九九三年)がある。

繊細の精神――エピローグに代えて

おしゃれ（お洒落）って、字もそうだけど、肩をいからせていないところがいい。力が抜けてて、洗練されていて、色気があって、コケットなところもあって、決まりすぎていないで、だからちょっとすきもあって……。

いたずらや外しや背伸びも大事。それに野暮とすれすれの緊張感も「いき」にはたいせつな感覚だ。坂本龍馬は袴の下にブーツを履いていて、夢二の描く少女はきものの下にカシミアのセーターのようなものを着込んでいて、戦後の幸薄き女はワンピースに下駄履きがとても似あって、いまどきの子は草履履きに古着のきものを腰に巻いたりなんかして……。

おしゃれの基本というのが、明治以降、この国では何度か変わってきたようだ。江戸のおしゃれ、風流や粋は、明治に入って、欧米のモダンに触れた。世紀末へ向かう十九世紀西欧の華やかだけれどもどこか妖しさや陰りを深く宿した文化が、ひとびとのおしゃれ感覚のアンテナを刺激した。エキゾティシズム（異国趣味）がひとびととの心を震わせたのだ。「青い眼をしたお人形は、アメリカ生まれのセルロイド……」。ゴージャス、ハイテイスト、モダン。西欧と日本の「文明」の落差が、ひとびとの眼を輝かせた。化粧品産業や洋酒産業、文学と芸術とモードが同時代で流入してくるようになった。百貨店がその華麗な舞台になっていった。

この国じたいがモダンへの社会変動を経験して、つぎに「わたし」のおしゃれが流《は》行《や》った。自己表現とか個性、センスがおしゃれの基本になった。おしゃれはおとなの意気地であり、贅沢であったのに、戦後も六〇年代になると、十代のひとが小遣いをもつようになって、服装でする自己表現の幅がうんと大きくなった。ファッションが一気にポップになり、映像文化や音楽文化、そして雑誌文化とダイナミックに結びついて、サブカルチャー・シーンのフロントに出た。全共闘やパンクではないけれど、反抗の形式もファッショナブルになった。

自分流を堂々と通せるようになったぶん、知らぬまに「個性的」ということが、まるで、そうならねばならないという強迫観念のようになっていった。個性教育という標語もそれを後押しした。でも、どうして他人と同じだったらいけないんだろう。他人との差異といったって、つまりは成績や偏差値の差、あるいは体力や運動能力の差でしかない。そんなところで汗を流して競うなんて、ちょっとかっこわるい。じぶんが、じぶんが、というこだわりは、正直なところ見苦しい……。八〇年代のＤＣブームに象徴されるような差異ゲームによって、たしかにこの国のファッション・センスは底上げされたが、イメージのあまりにお手軽な消費のなかで、こんな閉塞感がつのっていったのではなかっただろうか。

八〇年代のファッション狂騒曲のあと、モードなんて知らないよ、というのが、逆におしゃれになった。流行に振りまわされるのがいちばんダサいということになった。ドレスダウンのファッションだ。「ダウン」の緊張感がただの「ダレ」に堕するのははやい。都市の表面は、だるくなった。かったるくなってしまった。街に出る悦びが急速にしぼんでいった。気張っておしゃれしてみようかという舞台そのものが、街から喪《な》くなっていった。

これからのおしゃれって、何が基本になるのだろう。

ホスピタリティというのが、その一つになるのではないかな、と思う。自己表現ではなく、他人の心をエステしてあげるという、「歓待《ホスピタリティ》」の気持ちだ。音一つ、お箸一つにも気をくばる、そういう気持ちだ。ひとの心をなごませる、ほぐしてあげる、マッサージしてあげる……。Can I help you? というエスプリだ。

そういう心遣いというのは、むかしは街のそこかしこにあった。家の前を歩くひとのために水を打つ。外からみえたお客さんを脇から団扇であおいであげる。『キモノ・マインド』を書いたB・ルドフスキーは、それにひどく心を動かされ、「人間サーモスタット」（人間温度調整器）と呼んだ。

あなたを寒さや暑さから守り、居心地よくしてくれるのは、彼女に課せられた責任である。彼女はうちわであおぐことがうまい。長い歳月のうちに身につけたバイオリンの巨匠のようなやわらかい手首で、彼女は長時間たてつづけに、涼しい風を作りだして送りつけることができる。もう一方の空いた手は、額の汗をぬぐうのに忙しい。ちゃんと盛装しているから、客をあおぎつづけることは彼女のためにはならない。伝統的な宿屋の各部屋が人間大の冷凍室と化す冬ともなれば、彼女の仕事は火鉢の世話である。

（『キモノ・マインド』新庄哲夫訳、鹿島出版会、一九七三年）

わたしの故郷では夏になると、ご婦人やお坊さんが白いきものの上に絽や紗の黒い薄物をもう一枚羽織る。下の白が透けて見えるその様がなんとも涼しげだ。本人は重ね着するのだからちっとも涼しくないはずだから、きっと、見るひとの眼を涼ませるために着るのだろう。心がとてもおしゃれだ。自分が話すより、話を聴いてあげる。さりげないモラルというのが、ほんとはいちばんおしゃれなのかもしれない。

おしゃれはじぶんの表面をデザインする行為だ。だけれども、それはじぶんを押しだすためではない。それは見苦しい。それより、他人の視線をどんなふうにデコレートしてあげようか、そんなふうに発想される服は、きっと素敵だろうな。裏地にあっと驚くような意匠が凝らされていたり、服を脱いだらまるで別人が現われたり……というのもいい。

こちらの神経が粗かったら、こちらの心がささくれていれば、ふと見過ごしてしまうような、そんな小さな思いやりがおしゃれの基本になれば、と思う。《繊細の精神《エスプリ》》（パスカル）、そんな心遣いが街にそっと浸透していけば、と思う。

おしゃれな街に住みたいな。

文庫版あとがき

この本の第一部は、一九九七年の十月から十二月にかけてNHK教育テレビで放送された「NHK人間大学・ひとはなぜ服を着るのか――文化装置としてのファッション」(全十二回)のテクストを再録したものである。本書は、これにいくつかのファッション関連の評論を加えて、翌年の一九九八年におなじタイトルで、NHKライブラリーの一冊として上梓された。それまでも、ファッション原論のつもりで書いた『モードの迷宮』(一九八九年)やファッション評論をまとめた『最後のモード』(一九九三年)、さらには予備校生に語りかけた『ファッションという装置』(一九八九年)、中・高生向きに書いた『ちぐはぐな身体――ファッションって何?』(一九九五年)を上梓していたが、わたしがファッションについて考えたことを、テレビ放送というかたちで、さまざまな映像記録や実物の服をも使いながらカメラに向かって語り下ろすというのははじめての経験で、いまだからこそ笑い飛ばせるようないろいろな失敗談や苦労話も裏にはあって、そういう意味で、これまで上梓してきた本のなかでもことさらに愛着がある。

　放送は、いきなり表参道の雑踏のなかに立って話すという、テレビなれしていないわたしにはなんとも残酷なシチュエーションから始まり、じぶんが長く住まってきた街の一角、京都・祇園の裏筋で、これまた立ったまま番組終了の挨拶をするというかたちで進んだ。あいだの回は、原宿・竹下通りのカフェ、表参道の化粧品店、神奈川県内の廃車場、イッセイミヤケ、コムデ ギャルソンのショップ、神戸ファッション美術館、京都の染物工場など、いろいろな現場へ出かけて行って撮影し、スタジオはいちども使わなかった。訪問先の都合に合わせて、収録が閉店後の深夜になったこともある。エクストラで友人たちを登場させたり自身もタトゥーシールを貼ったり、そのつどＮＨＫの若い制作スタッフの方々とわいわいアイディアを出しあってつくった番組だった。

　その一九九七年というのは、「ＵＮＩＱＬＯ」というあの廉価衣料品がこの国を席巻し始めた年でもある。これと並行して「無印良品」の、デザイン志向は引っ込めないが引き算はしっかりする服が注目を浴び、また高級ブランドに群れる人びとを小馬鹿にするようなグランジや、最低限の機能に服を縮減するリアル・クローズなどへの流れがはっきり出てくるという、そんな坂道にファッションはあった。ひとが服を着るかぎり何かのアイテムを選ばざるをえないわけで、その意味ではファッションが消えることはないが、ファッションの何かが確実に変わりつつあるとだれもが感じる、そんな時代だった。

原本であるＮＨＫライブラリー版では、副題に「ファッションは《社会の生きた皮膚》である」と付けたが、その思いはいまもまったく変わらない。あの放送が始まる前まではファッションの皮膚感覚はとてもちりちりしていて、身体の表面に緊張を強いるもの、あるいは服のもつ社会的な記号性に饒舌なものが多かったが、放送が終わった後は、皮膚という身体の汀でのざわめきがしだいに身体の周辺に拡散していったような印象がある。そしてなぜか、若いひとたちは、Ｔシャツに新しい空気を吹き込み、男の無精髭をも含めてメイクにあまり構えずにだが凝りだし、ストッキングを脱ぎ、スニーカーを踏みつぶして履いたり、性差を際立てないような地味なジャケットとパンツを着込んだり（これはこれでぴちぴちのサイズなので逆に性差がめだつのだが）……と、とにかくとんがらないこと、シンプルと無造作（の演出？）が、ファッション・シーンにせり上がってきた。これは無頓着とすれすれであるし、ときに「かったるさ」をだらしなく広げてゆく光景でもあるのだが、そのミニマムのなかにおのれの趣味やこだわりをしっかり浸透させているのを目撃すると、見惚れて、つい眼で後を追ってしまう。他人のことなのにうきうきする。本文中でも書いたが、そのいでたちがわたしの視線をデコレートしてくれているのだから。ファッションの動きを真横で見ることが心底好きなんだとじぶんでも思う。

服を着るというのは、スタイルを選ぶということだ。そんな主張などもちあわせないと言うひとも、服を選ぶかぎり——服の押しつけに抵抗してもしなくても、いずれにしろそれもまたスタイルの選択である——、スタイルから自由ではない。他者たちのなかでのじぶんというものの了解の仕方、他者たちのあいだでどんな位置をとるかの判断、それをひとはいやでも服やメイクでせざるをえない。いや、現にたえずしている。そうした判断の理由はじぶんでもたぶん明らかにできない。訊いてもおそらくは、「なんとなく」といった答えしか返ってこないだろう。そしてなんとなく選んだ服をある時間が経つと別のものに選びなおす。時代が少しずつ動くなかで、おなじ服の時代のなかでの〈位置価〉が変わってくるからだ。ひとはこのようにいつも社会のマジョリティとの距離のとり方を微調整してきたのだ。

時代のマジョリティからのこの微かな〈偏差〉のなかに、そのひとの生き方が映っている。擬装をも含めて、映っている。そして社会や時代の趨勢への異和というものが、いわばそれを押し返すかたちで込められるのも、この〈偏差〉においてである。

ファッションに敏感というのはそういうことである。ファッションが心底好きだということは、わたしがファッションにいまも並々ならぬ関心をもつのは、この《社会の生きた皮膚》であるというのもそういうことである。ファッションが《社会の生きた皮膚》にどんなひびが入りかけているか、どんな腫れ物や傷ができているか、かさぶたは生まれつつあるのか、生まれたとたんにすぐに剝がされ、ぶよぶよの赤むけになっているのではないか、それらがむきだしにならないようどんな厚塗りのファンデーションがそこを覆っているか……そんなことが気になってならないのだ。

これからも、じぶん自身が患者のひとりでありつつも、同時に、その皮膚科の技師、できればリハビリ療法士でもありたいと、わたしはいまも希《ねが》っている。

初出一覧

第一部

ひとはなぜ服を着るのか……NHK人間大学（一九九七年十月～十二月放送）テキスト『ひとはなぜ服を着るのか』（日本放送出版協会、一九九七年）

第二部

顔の渇き……「顔の渇き」（『広告』一九九七年一・二月号、博報堂）
もっと時間を、もっと虚構を。……「もっと時間を、もっと虚構を。」（『マリ・クレール』一九九八年三月号、中央公論社）
見えないファッション……「見えないファッション」（『東京人』一九九六年四月号、都市出版）
身体と匂いと記憶と……「身体と匂いと記憶と」（『マリ・クレール』一九九八年七月号、中央公論社）
からだは孔が空いている……「からだは孔が空いている」（『早稲田文学』第二十三巻

第三号、早稲田文学会、一九九八年五月）
下着という装置……「下着という感覚器官」（『インナー美学』創刊号、スポーツルック社、一九九六年四月）を大幅に改稿
マネキンという形象……「マネキンの誘惑」（『マネキンのすべて』日本マネキンディスプレイ組合、一九九六年五月）を大幅に改稿
デザインされる肉体……「改造される身体」（『大航海』第二号、新書館、一九九五年二月）
《モード》、モダンのもう一つの形象……「《モード》、モダンのもう一つの形象」（『大航海』第十号、新書館、一九九六年六月）
スタイルの力……「スタイルを生産する『個性』」（『ファッション学のすべて』新書館、一九九八年六月）と「スタイリッシュな男になるための本、ベスト10」（『GQ』一九九八年四月号、中央公論社）をもとに再構成
モードのお勉強……「ファッション学への誘い」（AERA　MOOK『ファッション学のみかた。』朝日新聞社、一九九六年十一月）
繊細の精神――エピローグに代えて……「装いのホスピタリティ」（『ファッションひと・モノ・コト111』伊勢丹、一九九八年一月）

本書は一九九八年十一月二十日、日本放送出版協会より
NHKライブラリーの一冊として刊行された。

ちくま文庫

ひとはなぜ服《ふく》を着《き》るのか

二〇一二年十月十日　第一刷発行

著　者　鷲田清一（わしだ・きよかず）
発行者　熊沢敏之
発行所　株式会社　筑摩書房
東京都台東区蔵前二―五―三　〒一一一―八七五五
振替〇〇一六〇―八―四一二三
装幀者　安野光雅
印刷所　株式会社精興社
製本所　株式会社積信堂

乱丁・落丁本の場合は、左記宛にご送付下さい。
送料小社負担でお取り替えいたします。
ご注文・お問い合わせも左記へお願いします。
筑摩書房サービスセンター
埼玉県さいたま市北区櫛引町二―六〇四　〒三三一―八五〇七
電話番号　〇四八―六五一―〇〇五三

ISBN978-4-480-42990-2 C0110